Mme Albert D'AIRE

PÈLERINAGE

AUX CHAMPS DE BATAILLE

DE SAINT-PRIVAT, MARS-LA-TOUR

ET SAINTE-MARIE-AU-MONT

PÈLERINAGE

AUX CHAMPS DE BATAILLE

DE SAINT-PRIVAT, MARS-LA-TOUR

ET SAINTE-MARIE-AU-MONT

VOYAGE SUR LES BORDS DU RHIN

DE MANNHEIM A COLOGNE

EXCURSION A STUTTGARD

PAR

Mme Albert d'AIRE

PARIS

TÉQUI, LIBRAIRE-ÉDITEUR

33, RUE DU CHERCHE-MIDI, 33

—

1893

PÈLERINAGE AUX CHAMPS DE BATAILLE

DE SAINT-PRIVAT — MARS-LA-TOUR — SAINTE-MARIE-AU-MONT

Un voyage sur les bords du Rhin devient de plus en plus chose rare pour les touristes français; c'est pour les engager à suivre mon exemple et à le faire que je vais aujourd'hui essayer de leur retracer en quelques pages ce splendide panorama qui m'a laissé le souvenir le plus enchanteur.

Il ne m'appartient pas de prendre le rôle d'un conférencier et de reproduire au moyen de projections à l'aide de la lumière électrique les vues rapportées de l'étranger; je devrai seulement me contenter de confier mes souvenirs au papier, et pour cela, je commence :

Je quitte AMIENS de bonne heure par la ligne du Nord; laissant déjà dans le lointain notre belle cathédrale, j'aperçois les tours blanchâtres de Corbie, bientôt les stations d'Albert et de Bapaume; enfin, les fortifications d'Arras surmontées de la belle flèche du couvent des Ursulines et de quelques clochers d'églises; le palais de justice, la place de l'hôtel de ville d'un très bel effet avec ses pignons espagnols; une aimable et accueillante société artésienne, habitant, en grande partie, le quartier de la rue d'Amiens, invite à s'arrêter; je me laisse faire, pour quelques heures, une douce violence, puis, avec le rapidité du vol de l'hirondelle, me voici de nouveau en chemin vers le but proposé, tout en continuant à invoquer N.-D. de Brebières pour la bonne réussite de notre voyage.

J'arrive à Douai, désignée si justement l'Athènes du Nord : la société, comme celle des villes qui de tout temps ont possédé une Université, est distinguée, instruite et des plus agréables. C'est de plus ma ville natale, ce qui explique qu'elle me tient très au cœur.

Samedi, 6 août 1884. — Je reçois une hospitalité pleine de cœur dans la belle demeure de la rue Saint-Jean, et vers une heure de l'après-midi, nous partons de compagnie cette fois, vers une première étape — Charleville — où nous sommes à la fin du jour : *Hôtel des Trois-Maures.*

On nous précède de flambeaux pour nous guider vers nos chambres respectives, cette arrivée me semble un peu sépulcrale (de ma part mauvais jeu de mots), car nous n'avons eu qu'à nous louer de notre choix.

Mézières, Charleville. *Dimanche,* 7 septembre. — Après avoir entendu la messe à l'église paroissiale, nous faisons un tour de promenade sur le quai et les rues de Charleville. C'est la rivière de la Meuse, que nous bordons. La ville a 3,793 habitants, c'est peu considérable; mais elle est ouverte, ce qui laisse supposer qu'elle ne tardera pas à s'agrandir; elle est charmante et accidentée avec sa riante vallée et les jolies et fertiles collines qui l'environnent; elle possède une maison d'éducation très renommée, tenue par les dames du Sacré-Cœur. Nous partons ensuite visiter Mézières, séparée par un pont de Charleville. Ici, tout est ancien, restreint; les fortifications sont de Vauban, l'église du xve siècle. Nous y entrâmes, on y célébrait la grand'messe. Comme nous nous arrêtions devant le portail pour le considérer, cela m'a procuré l'occasion d'une étude de mœurs : le guetteur au haut de sa balustrade attendait un pain qui lui parvenait, tout lentement, attaché à une corde extérieure, il l'attirait à lui, au moyen d'un treuil; ce pain était en forme de croissant, c'était la nourriture du jour pour le solitaire. Après l'avoir vu arriver à destination, nous reprenons notre excursion; sortant par la porte de la ville, toute proche de la cathédrale, nous y trouvons une vue d'ensemble sur la campagne et sur Charleville, avec sa large avenue bordée de beaux hôtels modernes, qui mène juste à Mézières, un monument commémoratif à main droite du pont de séparation, des rues neuves et bien bâties, quelques beaux magasins. Les officiers ont, dans l'une et l'autre ville, un jardin qui est leur propriété. Nous gagnons ensuite un monticule d'une assez grande hauteur, pour nous permettre de découvrir les deux villes réunies ne formant pour ainsi dire qu'une, dans leur ensemble; c'est considérable d'étendue. Après un excellent dîner de table d'hôte qui nous sembla d'autant meilleur que la promenade nous avait donné appétit, nous prenons le chemin de fer pour Verdun, où nous arrivons de nuit : l'omnibus nous mène directement à l'hôtel.

VERDUN, *8 septembre.* — Ceux qui me feront l'honneur de me lire n'ignorent pas que cette ville est la patrie de Chevert, à qui on a élevé une statue en bronze sur la place Sainte-Croix. Notre première visite fut pour la cathédrale, fort ancienne construction, perchée sur une hauteur où l'on arrive comme au clocher de plusieurs façons; nous avons pris le chemin qu'à peu de frais d'imagination les habitants ont désigné la rue des grands degrés, elle est formée tout entièrement de larges marches ou dalles, par lesquelles on gagne le point culminant ; là on trouve l'évêché, la cathédrale et quelques paisibles demeures. Entrant à l'intérieur du monument, nous y remarquons tout d'abord, dans une chapelle de côté, une pierre sépulcrale nouvellement scellée ; des couronnes de fleurs toutes fraîches et encore tout embaumées y étaient déposées avec ces mots : « Nos regrets pour le passé, notre espérance en l'avenir, nos pensées et notre cœur avec toi dans la tombe, ô saint Prélat ! — Les habitants pieux et croyants, comme ils le sont tous dans nos provinces de l'Est, témoignent ainsi leur regret au digne évêque décédé.

Après avoir jeté de nouveau un coup d'œil à l'extérieur de l'antique basilique, puis sur le vieil évêché, nous reprenons une autre voie que celle qui nous avait amenés ; cette fois, c'est la rue des petits degrés qui nous ramène dans des quartiers en pente, d'une exquise propreté ; c'est l'heure du balayage, non seulement l'eau de source coule abondamment dans les ruisseaux, mais toutes les écluses sont lâchées, et les malheureux passants, égarés si malencontreusement dans ces rues étroites, sont presque balayés aussi.

La ville est industrielle et commerçante, on y fabrique en outre d'excellentes dragées, dont la réputation est depuis longtemps établie; malgré les essais de chocolats dans les boîtes de baptême, leur règne reparaîtra, car elles ont pour cet usage un avantage incontestable.

Sedan. — Cette ville, de si triste mémoire depuis 1870, eut aussi notre visite, bien courte, il est vrai, car elle ne fut que de quelques heures; c'est en allant de Charleville à Verdun que nous nous y arrêtâmes un peu l'après-midi; ce fut assez, car c'est toujours le cœur triste que l'on se rappelle la fâcheuse défaite de l'armée française. Cette ville est entourée de collines que les Prussiens occupaient avec avantage. Les fortifications sont actuellement démolies, une cité nouvelle se forme aux abords de la gare, avec de jolies constructions et quelques monuments; sur la première place que nous rencontrons est un musée où se présente tout d'abord dans le vestibule, Turenne enfant, belle sculpture, due à un excellent artiste; plus haut, dans une des salles, on le revoit encore en général, cette fois, car la ville s'enorgueillit, à juste titre, de lui avoir donné le jour; il ne faudrait pas que le noble guerrier secouant ses cendres, revienne, en personne, visiter sa ville natale, ce qu'il en apprendrait serait pénible à son cœur si français.

On fait à Sedan un grand commerce de draps,

il y a comme à Verdun beaucoup de garnison, dragons, chasseurs à cheval et autres troupes.

Saint-Privat eut notre visite en nous rendant à Metz : on ne s'étonnera pas que petite-fille et nièce de généraux français, le désir me vînt, ainsi qu'à mes compagnons de route, d'accomplir malgré le vent et la pluie, à 4 kilomètres de là, un pèlerinage au tombeau élevé à la mémoire des Français morts, si nombreux, sur ce champ de bataille. Le chemin de fer le traverse, on n'aperçoit que tertres et croix de tous côtés, cela doit infailliblement disparaître, d'autant plus que ce village et celui du voisinage, *Sainte-Marie-au-Mont*, sont maintenant la limite des possessions appartenant à la Prusse. Le monument de Sainte-Marie-au-Mont, a été élevé par le général de Geslin, aux soldats tués dans son régiment. Nos compatriotes sont tombés sous le nombre après s'être battus comme des braves. Sur 12.000 grenadiers prussiens qui formaient l'avant-garde à St-Privat, 6.000 ont été détruits en une demi-heure ; ils étaient de la garde Impériale ; on les enterra à St-Ail.

La reine Augusta a fait élever près de là aux soldats allemands morts sur le champ d'honneur, une grosse tour crénelée, surmontée de l'aigle impériale.

Metz, *9 septembre*. — Les pieds pleins de boue, nous arrivons le 8 au soir, à l'*hôtel de Metz* dont le propriétaire est Français, il a compassion de notre fatigue et nous donne une chambre où nous avons un repos complet. Cette malheureuse ville, si essentiellement française, fait peine à voir : les magasins n'ouvrent plus le soir, l'habitude en est maintenant prise, et cela sera toujours ainsi ou du moins jusqu'au temps où la France glorieuse pourra y replanter son drapeau. Les Allemands sont ici, nous dit-on, mal à leur aise, personne ne peut leur être sympathique, on se renferme chez soi, la promenade n'est plus fréquentée à l'heure où l'on joue la musique.

Notre première visite fut pour la cathédrale, monument gothique du XVe siècle, auquel on a malheureusement ajouté un portail du XVIIIe pas beau du tout. La belle situation de la citadelle offre réellement sur la Moselle un point de vue superbe, que mon cher Oncle le général Alfred Boissonnet avait su apprécier ; il m'a, ainsi que sa belle-mère, souvent vanté ce paysage pour m'engager à aller les voir, lorsqu'il commandait le génie à Metz.

Nous avons cherché et trouvé facilement la statue de Fabert sur la place d'Armes. L'esplanade est une jolie promenade sur laquelle le palais de justice fait l'effet d'un somptueux château ; le théâtre est situé dans l'île.

L'uniforme journalier de l'officier allemand parcourant les rues pour se rendre à ses différentes occupations est, nous en faisons la remarque, peu apparent ; il ressemble à la tenue de campagne.

L'église Saint-Vincent est une belle construction gothique dans le style XIIIe siècle, avec quelques parties plus anciennes du style roman, mais défigurées par de nombreuses modifications du XVIIIe.

Le musée est rue Chèvremont, non loin de la cathédrale.

La belle église Saint-Euchaire, du côté de la porte nommée porte des Allemands, date du XIIe siècle, elle est fort simple à l'intérieur. Comme on le sait, les églises de Metz sont des merveilles pour la plupart, les archéologues font grand cas de leur ancienneté, on ne s'étonnera donc pas qu'ayant peu de temps, nous y ayons cependant fait un examen minutieux ; nous n'entrerons pas dans les détails, pour ne pas allonger outre mesure notre récit.

Auprès de l'esplanade, la jolie promenade dont j'ai déjà parlé, se trouve une grande caserne. Là, s'élève la statue du maréchal Ney, en bronze sur un socle de pierre blanche, érigée en 1861 avec le seul nom de Ney pour inscription : il faut savoir gré à la nouvelle administration de l'avoir conservée.

Au nord de la porte Chambière est un monument dédié aux 7,203 enfants de la France morts aux ambulances de cette ville, et nous avons été heureux de faire nombre, sans l'avoir prévu au milieu d'une manifestation : Deux cents couronnes avaient été déposées la veille sur le monument, avec des bouquets, et on en apportait toujours encore ; cela ne pouvait durer, malheureusement, que jusqu'au lendemain soir, car ce terrain appartenant au génie, on n'y laisse pas venir toujours ; il est même bien à craindre que, quand les pierres viendront à se disjoindre, ce qui déjà s'annonce, malheureusement, on ne puisse pas avoir l'autorisation de les réparer.

L'association du Souvenir Français dont le siège est à Paris saura alors réclamer les ossements de nos compatriotes et on leur élevera un monument sur le sol français. Le général Manteufel qui gouverne la place de Metz est un politique habile qui a essayé jusqu'alors de prendre les habitants, en opérant avec eux par douceur et conciliation, mais cela doit avoir une fin, et déjà, dans ses dernières publications, il a laissé entendre que l'affection aux compatriotes français, morts en 1870, ne devait pas exister autrement que dans le souvenir.

Représentez-vous, chers lecteurs et chères lectrices, que je faisais ce voyage quatorze ans après cette funeste guerre, mes impressions restent exactement aujourd'hui ce qu'elles ont été en l'année 1884.

Dans le courant de la journée, nous disons au revoir aux 38,000 anciens compatriotes renfermés ici, en cette bonne ville de Metz.

Le plus beau de tous les monuments élevés à la mémoire des braves, est celui de Gravelotte ; on le trouve à Mars-la-Tour, village peu éloigné de Metz et qui est resté français : la France est représentée par une femme à l'attitude noble et digne, qui ne laisse rien à désirer. Nos chers disparus sont là, attendant le jugement dernier; la trompette de l'Ange, Evocateur des Elus, viendra alors les réveiller de leur long sommeil, pour les introduire au séjour glorieux où leur place est marquée pour toute l'Eternité...

Le souvenir du maréchal Canrobert restera dans nos provinces de l'Est ainsi que celui de son émule le maréchal Mac-Mahon dont la société la *Croix de Genève*, a apporté tant de soulagement à nos chers blessés.

Landau. — Nous voici, cette fois, en plein pays étranger, dans cette province du Palatinat, si ravagée par les Français lors de la première invasion. La petite ville de Landau, quoique d'un aspect à part, n'offre rien de bien remarquable, mais le temps étant meilleur, nous sommes partis après le premier déjeuner, en landau très confortable, procuré par notre hôtelier, jusqu'au pied d'une chaîne de montagnes, dont les sommets portent, entre autres ruines, celles de Trifels (ancienne forteresse) et celles du château de Madenburg. Laissant la voiture dans le village situé au bas, nous montâmes là-haut par de charmants sentiers boisés; de distance en distance, sont des bancs forts élégants, qui invitent les excursionnistes à se reposer; sur la terrasse du château, on jouit d'un beau point de vue, dont on profite tout à son aise, car il n'y a pas foule dans ces régions. A la descente de la montagne, nous louons le zèle des habitants du village, qui, pour célébrer dignement une fête de leur culte, ont façonné de jolies guirlandes de papier rose, qui nous font réjouissante escorte pendant un moment.

Voulant donner dans ce pays bonne opinion des Français, nous avions offert en venant, une place restée libre dans la large calèche, à un gentilhomme campagnard, enchanté de cette bonne aubaine ; il monta discrètement auprès du cocher, et le chemin qu'il avait à faire, fut ainsi, pour cette fois, allégé.

Les chevaux du pays paraissent vigoureux, la route que nous prîmes au retour était fort joliment accidentée, nous avions certainement des sites admirables sur les jolies vallées où des vaches paissaient paisibles, grasses, méditatives, quoique ne songeant à rien. Nous remarquons des pommiers, des vignes, un village, enfin quelques jolies villas, et nous rentrons à Landau. Le dîner étant prêt, nous en profitons, ne pouvant attendre la table d'hôte d'une heure. Ici, nous commençons à goûter la cuisine allemande (ce qui ne veut pas dire que déjà nous l'apprécions), l'aspect de la salle à manger aussi est primitif, même un peu rustique ; ce qui me choque, ce sont les tables carrées, allongées, qui ont un peu cet aspect grossier des tables de cabaret. Nous sommes cependant heureux de cette auberge où nous sommes arrivés nuitamment ; ailleurs, point de place ; mais, revenons au menu : bœuf, sauce blanche aux câpres, groseilles cuites à la vapeur et confites au vinaigre, chou rouge, pommes de terre, tout cela à la fois sans compter les hors-d'œuvre. — Un second service composé de compotes de prunes, perdrix rouges, pommes de terre. — Troisième service : mouton accompagné de deux légumes différents, haricots verts et pommes de terre, accompagnement obligé de chaque plat; ce légume est du reste excellent dans ce pays. Tout cela nous a été servi, mais sans aucun apparat, ce qui, cependant, n'aurait pas fait mal dans un début si laborieux.

Je me permets ici une digression, pour assurer mes aimables lecteurs que de tout ce que je leur raconte du début jusqu'à la fin de mon voyage, rien n'est imaginé, mais d'une scrupuleuse exactitude.

Notre hôte nous apprend, comme particularité du pays, qu'ici la chasse au lièvre n'ouvre que quinze jours après celle à la perdrix; nous goûtons au raisin, fort modérément (il n'est pas mûr). L'omnibus, du reste, nous attend, nous allons prendre le train pour Heidelberg : en chemin, nous nous arrêtons pour visiter en détail la belle cathédrale de Spire.

Spire, en allemand : *Speier.*

C'est le Saint-Denis de l'Allemagne : dix siècles réduits en poussière, dans les tombeaux! Nous sommes ici au chef-lieu de la Bavière rhénane, 13,241 habitants; cette ville se compose principalement d'une longue rue, bien large et bien belle, que domine son immense cathédrale. On se procure des cartes pour visiter la crypte et le chœur où l'on voit encore trace du passage des Français en **1689**. Ses trois tours (côté ouest) furent détruites lors de l'invasion. La nef est ornée de fresques qui sont d'une beauté parfaite ; cette église fort bien restaurée, commencée par Conrad II en **1030**, est la plus belle et la plus vaste du style roman. Ses tombeaux d'empereurs d'Allemagne ont été saccagés, les débris ont été rassemblés et déposés dans un sarcophage. Une fresque du chœur représente saint Bernard bénissant la bannière du roi Conrad III que son éloquence décide à se rendre à la croisade : au milieu du dallage de la nef est une rosace qui indique la place où saint Bernard prêcha.

Le crépuscule était si avancé en arrivant à Heidelberg que, nous rendant sur le pont, nous ne pûmes que deviner sur le penchant de la montagne, la masse imposante du château, nous remettons à demain pour le visiter.

Heidelberg. *Jeudi,* 11 septembre. — Notre sortie après la première nuit à l'*hôtel de Hollande,* fut naturellement, pour le château ; nous visitons complètement ces belles ruines, les mieux conservées de toute l'Allemagne ; c'est une véritable mosaïque, composée de châteaux et de tours; il y a de tout, a dit un poète artiste. Des différentes terrasses, on a une vue splendide sur la ville, sur le limpide miroir du Neckar et sur les vertes plaines du Rhin.

Une des curiosités du château, sont les caves, celui qui les fit songeait à Gargantua. Quelle hauteur de voûtes! et surtout quels tonneaux! de quoi faire perdre la tête à tout un royaume, par leur contenance.

Le plus grand de tous a 8 mètres de diamètre et onze de longueur, le fou du roi est représenté à cheval sur le robinet.

L'université d'Heidelberg est considérable; on rencontre dans la ville beaucoup de jeunes gens qui la fréquentent.

Devant les fenêtres du restaurant où l'on nous sert un repas des plus choisis, s'élève en panorama de l'autre bord de la rivière la promenade dite des philosophes. On est en vacances, les étudiants, cependant encore nombreux, ne songent plus qu'aux farces. Revenant sans doute des voûtes du château, inspirés par l'immense tonneau qu'on descend y voir, et aussi du mannequin bouffon du roi, l'idée leur vint d'attacher, tout en haut de cette promenade des philosophes, un gros tonneau peint en blanc, au bout d'une perche. Un jeune avocat distingué de Douai qui nous accompagne, Monsieur M..., s'en fut vite là-haut, voir cette curiosité du pays, que nous ne distinguions pas bien de loin. L'ayant enfin jointe après une ascension longue et n'offrant aucun charme, il trouva le gigantesque hochet si branlant par le grand vent, qu'il mit ses jambes à son cou pour redescendre bien vite, ayant longtemps encore la sensation de le recevoir sur la tête et sur les épaules.

Heidelberg compte 22,000 habitants. Un chemin carrossable conduit au château, les piétons abrègent en suivant l'ancien sentier, le Schlossberg (chemin du château), traversé deux fois par la route. Cette route aboutit au parc, où la porte Elisabeth donne accès au Stückgarten (partie du jardin occupant la place du bastion qui défendait le château).

La façade principale du côté de la cour est richement ornée de sculpture, elle est du meilleur style de la Renaissance, au-dessus de la porte à cariatides, on voit le buste du fondateur, ses armes et une inscription.

Les statues mythologiques, symboliques, bibliques des 12 niches du haut sont d'A. Colins, de Malines, 1556.

Une autre façade n'est pas sans mérite, c'est le Friedrichsbau (bâtiment de Frédéric), élevé de 1601 à 1607, mais cela pèche par trop d'ornements : 16 statues décorent la façade, plusieurs ont été endommagées en 1693; ces malheureux guerriers ont, les uns, un bras de moins, d'autres, le nez emporté, ou bien un pied, mais elles sont encore debout.

Le jardin du château offre d'admirables promenades, un des plus beaux points de vue est celui de la grande terrasse, où l'on découvre l'ensemble du château. Il y a dans le voisinage un restaurant, salle de verdure, près de laquelle est un kiosque pour la musique.

A 20 minutes plus haut, montant toujours, par d'admirables petits sentiers au milieu des sapins, nous avons gagné un endroit appelé la Molkeneur (restaurant), à 293 mètres d'altitude et 71 au-dessus du château, on y a une très belle vue.

Plus haut, le Kœnigstuhl (siège royal), où de notre société M. M... est seul monté, je suis pendant ce temps descendue par la grande route avec mademoiselle de B..., personne d'âge mûr, d'un esprit cultivé et d'une société fort agréable.

Arrivés à la hauteur du château, nous avons écouté quelques morceaux du concert remarquablement joués, il nous a été donné de revoir le pauvre vieillard que nous avions fait si heureux, en échangeant avec lui une pièce de monnaie, contre un bouton de rose.

Au retour, on nous procure à l'hôtel un dîner de mets variés excellents et bien servis.

Vendredi, 12 septembre. — Nous avions, la veille, outre notre excursion au château, vu les jolis magasins de la longue et belle rue qui mène à la gare, avec ses boutiques à droite et à gauche, pendant 2 kilomètres ; c'est du reste ce qui constitue toute la ville, si l'on perce au travers, on tombe dans le Neckar ou l'on butte contre le rocher.

Pas de vieux édifices, la guerre les a tous détruits, sauf un logis du XVIe siècle, il est charmant. L'église, située sur la place du marché, n'offre rien de remarquable, elle a simplement cette particularité qu'une cloison séparant les catholiques des protestants, elle sert également aux deux cultes.

Le chemin de fer nous conduit à Neckargebrück (pont sur le Neckar). C'est un ouvrage considérable de treillis en fonte avec quantité innombrable de boulons ; ce pont se trouve composé de deux tunnels à claire-voie, celui de dessous pour les piétons, celui de dessus pour les voitures ; on peut alors se payer tranquillement la belle vue du fleuve et des montagnes.

Les premiers qui les habitèrent furent des bergers, ils roulaient leurs cabanes sur ces hauteurs parmi les myrtilles qui couvraient la contrée, et qui lui ont valu son nom d'Heidelberg (myrtilles sur la montagne). Nous suivons à pied, pour admirer le beau pays jusqu'à Neckargemünd (embouchure du Neckar), petit village verdoyant au milieu d'une riche campagne. Nous admirons les coteaux chargés de vignes, desquelles on peut dire, sans métaphore, que ce sont les vignes du Seigneur; quatre châteaux les dominent, si rapprochés, qu'ils paraissent se regarder; Victor Hugo s'étend sur leur histoire, il a dû les considérer bien longtemps, mais pour nous, il nous faut regagner la station; un seul de ces châteaux est restauré et habité.

Nous suivions la rivière, un remorqueur passe près de nous, traînant à sa suite huit à dix bâteaux aux oriflammes variées, resplendissant au soleil de tout leur éclat; ils tracent sur l'eau leurs rapides sillons; après l'avoir suivi longtemps des yeux, il nous échappa complètement, comme une image vivante de la rapidité du temps; mais nous voici de retour à la station, au moyen de la rapide locomotion, nous fûmes bientôt à Heidelberg.

Après y avoir pris le repas de midi, nous repartons pour une autre direction : nous allons à Schwetzingen, château et parc immense qu'on met deux heures à voir : c'est grand comme une province. Il y a jets d'eau, statues, belvédères, différents temples que nous visitons, dont un mauresque qu'une gardienne, un peu naïve, nous fait voir avec tout le respect voulu, lorsqu'à son grand étonnement et son complet saisissement, M. M..., auquel elle a tant témoigné sa confiance en lui ouvrant la porte de cette retraite pousse en guise de farce un cri formidable! Sa physionomie trahit un instant la crainte qu'elle a d'en être assassinée; non! non! nous rions, ma bonne femme, remettez vos esprits, notre compagnon de route a voulu plaisanter, pour trancher un peu sur le cérémonial.

Ce pays est plat, malgré la pièce d'eau, les cygnes enchanteurs, les grottes, nous préférons de beaucoup, et avec raison, la belle campagne que nous avons visitée le matin, pourtant, les deux, dans la même journée, sont d'un panaché des mieux réussis.

Samedi, 13 septembre. — Heidelberg est un centre d'excursions, nous ne le quittons pas encore volontiers; aujourd'hui, c'est vers Stuttgard que nous dirigeons nos pas. Le trajet est long, cette fois, il faut quitter l'hôtel de grand matin; le pays à parcourir, m'intéresse pas; pourtant, nous traversons un peu la forêt Noire, en dehors de cela, c'est toujours la plaine. Le temps passe vite cependant, grâce au voyage des Bords du Rhin par Victor Hugo et aussi aux guides Badeker et Joanne dont la lecture nous occupe.

Stuttgard, ville de 107,293 habitants. — Séjour délicieux, les maisons sont belles, considérables; séparées les unes des autres dans les nouveaux quartiers, comme des villas. Les squares, aux abords de la gare, sont remarquablement soignés et fournis de plantes rares, les allées en sont sablées avec un soin infini. Stuttgard a toujours conservé le cachet de la capitale, c'est une ville idéale avec un petit gouvernement à elle; le parc du château a 3/4 de lieues de long, il conduit à Cannstadt fréquenté par de luxueux équipages et agrémenté de beaux arbres, de jolies pièces d'eau : on l'appelle Anlagen(plantation), aussi Schlossgarten (jardin du château), elle est située à l'est du Neckar. A l'exception de l'ancien château et de l'église collégiale, tous les monuments sont pourtant de ce siècle, et le style Renaissance y domine. Nous avons visité quelques salles de l'ancien château : il y a au rez-de-chaussée de grandes fresques peintes par Gegenbaur, parmi les statues un Bacchus et une Vénus, par Denneker; quelques curiosités, des porcelaines de Sèvres de l'époque de

Napoléon Ier, des antiques, etc. Les salons se suivent, le château est de forme circulaire et situé sur une grande place.

Nous visitons aussi la Stiftskirche (collégiale), église protestante de style gothique, et à l'intérieur des vitraux modernes d'après Necker : dans le chœur la Nativité de Jésus-Christ, son crucifiement et sa résurrection; au-dessus de l'orgue, le roi David, d'un excellent effet; des statues en pierre des comtes wurtembergeois, œuvres du XVIe siècle. Tout cet ensemble fait plutôt penser à une église catholique qu'à une église protestante, d'ordinaire dénuée d'ornements. La vieille ville a de belles constructions espagnoles, très ouvragées; la principale industrie du pays est la confection des meubles que l'on travaille avec une grande perfection et qui s'expédient même fort loin ; nous en avons visité une fabrique, dont chaque pièce est complètement meublée dans un style différent.

Cannstadt. — Petite ville d'eau, vers laquelle nous nous dirigeâmes en nous promenant, la route nous fut abrégée par le tramway qui mène à cette extrémité de Stuttgard ; il est bon d'y savoir parler allemand; au restaurant de l'établissement d'hydrothérapie, un jeune Français de notre connaissance (ils sont rares en ces parages) redemande du pain dans sa langue maternelle; le garçon, fort occupé par les considérables, insatiables, incommensurables appétits de ses compatriotes, fit comme s'il ne comprenait pas, force fut au solliciteur de s'en passer, se rattrapant comme il put sur les pommes de terre.

Les gares sont spacieuses en Allemagne et aucune porte, donnant accès sur la voie, n'y est fermée, on y jouit d'une grande liberté; les restaurants y abondent, chaque classe a le sien séparé, les nappes d'une grande fraîcheur avec dessins damassés rouges et bleues, sont d'un effet riant qui attire l'œil en ouvrant l'appétit; nous nous y arrêtons pour souper, puis nous reprenons le train pour Heidelberg, traversant à nouveau la forêt Noire éclairée en guise de réverbères par la clarté des étoiles. Celle du berger s'y montre-t-elle quelquefois? il ne m'a pas été possible de la découvrir; on n'ignore pas, du reste, qu'il n'est point rare que des voyageurs s'égarent dans de sombres dédales, et ont parfois bien de la peine à retrouver leur chemin.

Dimanche, 14 septembre. — Nous nous réveillons, *hôtel de Hollande*, dans les lits confortables que nous occupions la veille, ensuite nous entendons la messe à l'église des Jésuites, le recueillement et la bonne tenue des paroissiens nous édifient. Les bancs sont au premier occupant, et ils sontbienremplis, un seul quêteur,passant très adroitement dans les rangs, présente une espèce de longue queue de billard au haut de laquelle est suspendue une bourse, c'est l'usage qui le veut ainsi.

Nos adieux au château dans la matinée, puis dans l'après-midi à notre accueillant hôtelier. Départ pour Mannheim.

Mannheim. — La ville est située au confluent du Neckar et du Rhin, elle a 45,000 habitants. Elle est la plus régulière de l'Allemagne, les numéros n'y sont pas chose connue, ce sont des lettres par carrés de maisons qui rappellent les cases d'un échiquier.

Le pont du chemin de fer sur le Rhin sert à la circulation publique, c'est un très large tunnel à claire-voie, double dans sa largeur; cette fois, nous le gagnons tout d'abord pour admirer le beau fleuve tant chanté par les poètes, c'est en effet un spectacle enchanteur, digne de tenter la palette d'un peintre de talent.

Le château n'offre rien de remarquable, le *théâtre* est un des meilleurs de l'Allemagne;

les représentations commencent, comme partout en ce pays, à 6 heures 1/2 et sont terminées pour 10 heures. Nous avons vu jouer le *Tanhaüser* de Wagner, ce splendide opéra, d'une orchestration si remarquable. Par exemple, la mise en scène nous a beaucoup fait rire, peu s'en est fallu qu'on ne nous accuse de troubler la représentation; notre gaîté contrastait avec le sérieux des assistants qui voyaient, sans la moindre hilarité, chaque personnage remplir son rôle, accoutré d'un petit instrument dans le bras gauche, qui tenait, soit du violon, soit de la harpe, c'était peut-être une mandoline mais trop minuscule pour le coup d'œil; en même temps, ils avaient sur la tête des couronnes de feuilles comme on en distribue aux enfants dans les distributions de prix les plus ordinaires; ce qui rachetait la raideur de mise en scène, ce sont les chants qui étaient réellement superbes, harmonieux et rendus d'une façon presque inimitable. Ce genre est tout à fait imagé, tout à fait allemand, il a eu de la peine à prendre à Paris, mais la musique en est fort savante, c'est comme dans *Lohengrin*, œuvre nouvelle du même auteur, qui est un véritable tour de force.

A onze heures, nous sommes de retour à Heidelberg, et demain à sept heures, non sans regrets, nous devons lui faire nos adieux définitifs.

WORMS. *Lundi,* 15 septembre. — Nous gagnons la station de Rosengarten (jardin des roses). Un peu avant d'y arriver, à Bensheim, station que nous viendrons retrouver dans quelques heures, nous mettons notre bagage à main; le portier (serviteur portant une livrée, il y en a un dans chaque gare au service des excursionnistes), nous le prend avec complaisance et le range en lieu sûr; il était temps, nous n'avons qu'une minute pour atteindre l'embranchement sur Rosengarten et Worms; à la petite station de Rosengarten, nous descendons pour traverser le Rhin sur un pont de bateaux : un vapeur fait aussi la traversée des passagers de Worms à Rosengarten, nous le prendrons au retour, notre billet de chemin de fer nous y donne droit du reste.

La plupart des ponts en Allemagne font payer passage moyennant quelques centimes, si, à titre de Douaisiens, nous avions hérité un peu de la taille de notre ancêtre Gayant, nous aurions pu peut-être avec un pied d'un côté, un pied de l'autre, jouir de la façon la plus simple de traverser.

En entrant à Worms, nous nous y dirigeons

un peu au hasard ; un musée romain, placé dans une vieille église, s'offre à nous, nous le visitons : entrée 0,50 pfennig (centimes), un peu plus loin, la place du marché, puis la cathédrale qu'on visite moyennant aussi 0,50 pfennig, c'est à se demander s'il n'y a à Worms qu'un seul prix. On y remarque de beaux tombeaux dans la chapelle des fonts, ils datent du xve siècle.

La curiosité de Worms est le tombeau de Luther, monument sur la place du même nom, dernière œuvre du sculpteur Rietschel, en 1868. Il se compose de huit statues en bronze ; sur une plate-forme de 15 mètres carrés, au milieu est Luther, entouré de ses précurseurs : Jean Huss, Savonarole, Wiclef et Pierre de Vaux ; aux quatre coins : Philippe le Magnanime, Frédéric le Sage, Melanchthon et Reuchlin, et dans les intervalles laissés libres, les statues des villes de Magdebourg, Augsbourg et Spire. Nous faisons, après ce long examen, un court repas au buffet, à la hâte aussi j'écris une carte postale en allemand à M. Georges M... pour répondre à un secret désir de son frère qui m'en avait priée, pensant que cela viendrait le surprendre en l'intéressant.

A Bensheim, nous nous mettons à la recherche d'un landau, car la chaleur est grande, nous ne pouvons songer à gagner la montagne à pied; notre bagage expédié sur Darmstadt, nous montons dans la voiture à deux chevaux, cocher et laquais à livrée élégante et en gravissant toujours, nous gagnons en trois heures Lindenfels, petite ville, pittoresquement assise sur une hauteur que couronnent les ruines d'un château aux murs lézardés.

Après nous être assuré de quoi souper chez l'aubergiste, nous montons sur l'Odenwald au point le plus rapproché, visiter le petit temple de la Ludwigshœhe, d'où l'on a une belle vue. Nos hôtes sont de braves gens, mais ne leur demandez pas leurs compotes de prunes, elles sont par trop assaisonnées au piment et aux clous de girofle.

Une famille d'Allemagne paraît être venue ici passer le temps des vacances : elle se compose du père, de la mère et de quatre collégiens; on part le matin en campagne avec les gourdes et les filets, voici ce qui explique que les enfants sont robustes dans ce pays, la mère a l'air très sérieusement occupée de tout son petit monde, elle distribue les rations et remplit avec le calme germanique les sacs encore accrochés; demain, après le premier déjeuner, on va, paraît-il, en excursion. Les mœurs sont douces et naïves, dans ce pays, quel dommage qu'il n'appartienne pas à la foi catholique, on verrait, j'en suis sûre, comme au Tyrol, des bénitiers à l'entrée de chaque hôtel.

Les lits sont petits et durs, le matelas, en trois morceaux, selon la coutume dans cette région, est-ce pour faire le lit avec plus de facilité? Pourtant les bras sont de résistance! grâce à l'air pur de la campagne, nous passons une excellente nuit, le bon pain bis, le beurre frais au souper, dans la soirée la bonne odeur des foins coupés, dans les prairies tout cela nous avait disposés à un sommeil calme et reposant.

Mardi, 16 septembre. — L'inconstante fortune nous frappe de ses coups! arrivés la veille, avec un splendide carrosse, nous voici maintenant sac au dos, gagnant à pied le Zumposte hospitalier d'un village éloigné; que faire maintenant dans ce pays? nous avons hier parcouru tout le voisinage du temple de Ludwig; différentes allées mènent à tout ce qu'il y a de plus beau à voir; il faudrait avoir plus de temps que nous n'en avons à dépenser pour rester davantage.

Partis à huit heures de Lindenfels, nous arrivons à plus de midi chez le maître de poste, le repas d'une heure était même terminé et nous avions pourtant marché bon pas, ce qui, du reste, n'était pas au delà des forces humaines, car M. M... nous avait obligeamment pris les sacs, mais il est trop tard pour songer à gagner maintenant le train: force nous est de rester là, pour attendre la prochaine diligence; nous déjeunons, ou plutôt dînons frugalement, mais, de bon appétit; il restait du potage, et on nous fit une bonne omelette accompagnée de diverses autres choses (comme à Lindenfels, d'agréable mémoire, un beurre excellent).

Quand nous nous fûmes restaurés, nous allâmes, guidés par la charmante petite fille du maître de poste, jusqu'au bois de sapins. Rassurez-vous, chers lecteurs, il était peu éloigné, et nous nous y sommes du reste reposés, sur d'excellents lits de mousse.

L'heure du départ a sonné! nous quittons le village de Reinsbach, je ferme le vieux piano carré qui nous a un instant amusés, avec la valse assez jolie de *Blumegeliebt* (fleur aimée), choisie entre toutes par notre hôtelier et nous voici, absorbant un stère de poussière, dans la voiture publique. Cette route sur le penchant de l'Odenwald, depuis Heidelberg jusqu'à Darmstadt, est certainement fort jolie; mais elle gagnerait à être suivie dans le sens contraire à celui où nous l'avons prise. Après un trajet d'une heure environ, l'Eilwagen (diligence) s'arrête à une petite gare où nous prenons notre billet pour Darmstadt, M. X .. avait, paraît-il, échangé sur l'impériale une conversation avec un Prussien qui utilisait pour cela, les quelques mots français de sa connaissance, sans en bien connaître la portée, de sorte que cela était, dit-il, très bizarre.

Nous sommes bientôt à *Darmstadt*, on aperçoit déjà quelques vieilles tours sur lesquelles des cigognes ont fait leurs nids, ce qui n'est pas rare, surtout à Strasbourg. Nous nous dirigeons vers un hôtel rapproché de la gare, car, nous ne devons pas y séjourner longtemps. Nous nous y assurons un gîte et de nouveau dehors, malgré la demi-obscurité, nous continuons la rue désignée : large rue du Rhin jusqu'au coin de la place où est la colonne, élevée au grand-duc Ludwig (Louis) et derrière le château.

La poste est une belle construction fraîchement restaurée.

Un paquet de lettres renvoyées de Speier (Spire) à l'adresse de M. M... et de Mlle de B... s'y trouve : il y en a de M. F..., un de nos bons amis, ancien recteur de l'Académie de Douai.

Ma bonne mère, que j'ai perdue depuis, mon mari, Mlle R. M... nous donnent, aussi de leurs nouvelles, bien chaudement accueillies; après avoir savouré cette nourriture intellectuelle, nous venons prendre un léger souper consistant en un thé complet, avec cette particularité qu'on y ajoute en ce pays, un miel excellent, sortant de la ruche. Le pain est ici anisé, ce qui lui donne un très bon goût. Dans la salle à manger de l'hôtel Kœhler, on fume considérablement, avis à qui n'aime pas la fumée : on peut remédier à cela en se faisant servir dans ses appartements particuliers; il se trouvait une espèce de club où l'on causait politique, avec force absorption de petits verres et de prises de tabac; l'usage de fumer au restaurant est, paraît-il, importé d'Amérique.

Mercredi, 17 septembre. — Notre visite la plus matinale fut pour l'église catholique, nous étions si heureux d'en retrouver une; car depuis que nous sommes en pays allemands, elles sont rares. Celle-ci est une rotonde dans le genre du Panthéon de Rome, l'idée est singulière d'y avoir placé la statue couchée de la grande-duchesse Mathilde de Hesse à l'intérieur d'un beau sarcophage, également en marbre : elle avait, il nous semble, plus de raison d'être où nous avons déjà fait sa connaissance au Ludwigshœhe (hauteur de Louis), pour désigner cette partie de l'Odenwald qui est un centre d'excursions; c'est peut-être en souvenir de son homonyme sainte Mathilde, impératrice d'Allemagne, qu'elle est là; c'est du reste assez d'usage dans les églises russes où les princes régnants sont de fait les princes de leur religion.

L'église est Wilhelminenplatz (place Guillaume) où elle est bien située, mais en somme pas bien belle.

Nous gagnons au nord, sans y pénétrer, le joli palais du grand-duc Louis IV.

Au sud, dans la Wilhelminestrasse (rue Guillaume) est le palais du prince Charles où, guidés par un majordome, nous eûmes l'autorisation de pénétrer dans les appartements privés de la princesse, pour admirer la belle Vierge avec la famille du bourgmestre Meyer de Bâle, peinte par Holbein. La princesse était chez elle, nous l'avons vue se dérober pour nous laisser toute facilité de considérer le tableau indiqué dans le guide.

L'habitation date en grande partie du XVIIIe siècle, l'horloge de la tour a un carillon qui sonne toutes les heures, ce qui nous transporte à Douai par la pensée. La galerie de peinture, au 2e étage, est composée d'œuvres, pour la plus grande partie, de ce siècle. La perle est un grand tableau de Rubens : des Nymphes et des Satyres avec des fruits et du gibier ; le peintre flamand aimait à prendre pour modèle sa première femme et quelquefois aussi la seconde, nous les avons vues toutes deux sur ce même tableau;

deux Rembrandt : Jésus à la colonne, peint un an avant la mort de l'artiste en 1668. Il s'y trouve aussi 6 tableaux hollandais du XVIIe siècle, dont un plus ancien : une vierge de Lucas de Leyde; les peintres italiens représentés dans la galerie sont, pour la plupart, de la même époque. On y remarque une Vénus du Titien, une Vierge de Carrache, une Madeleine du Guide, etc.

Au premier étage sont diverses salles : des antiquités romaines, surtout une très grande mosaïque, très bien conservée, provenant d'un bain romain; des imitations en liège de monuments célèbres, des estampes, des dessins, etc.

Le théâtre est tout près de là, nouvellement reconstruit.

Nous repassons près de la statue de Ludwig (Louis) qui domine toute la ville. Elle a pour piédestal une colonne en grès rouge de 43 mètres de haut. La statue en a 7 elle est de Schanthaler. A la place de la gare, il y a un buste du chimiste Liebig, originaire de Darmstadt, C'est ici comme en France maintenant, à qui n'élève-t-on pas des statues.

Après avoir quitté le temple de Ludwig et ses différentes promenades dont l'une d'elles porte cette inscription : « Au repos de Mathilde, grande-duchesse de Hesse, » nous voici, quittant aussi Darmstadt grâce à l'employé qui nous a distribué nos billets, grâce aussi à la vigilance des aiguilleurs qui nous évitent tout accident, nous sommes aussi, avec la complaisance des chefs de train, transportés rapidement à Francfort.

FRANCFORT. — Ici trois gares, rien n'arrête cette belle ville; nos milliards aidant, il en existera une centrale qui les réunira toutes. Pas d'omnibus, des voitures jaunes à quatre places conduites par des postillons au costume réglementaire; notre bagage est sommaire, car il est fort coûteux sur cette ligne, si on ne l'a pas à la main. Nos valises nous accompagnent donc toujours; nous indiquons à notre conducteur l'hôtel où nous devons descendre, *hôtel Schwann*.

Arrivés là, deux ou trois domestiques en livrée se disputent l'honneur de nous aider à sortir du carrosse, c'est à qui prendra notre modeste bagage. Il est midi, après avoir fait connaissance avec nos appartements, nous nous préparons pour la table d'hôte qui est à 1 heure, comme c'est l'habitude partout en Allemagne. La langue germanique est tout à fait harmonieuse et attachante, lorsqu'on l'entend causer par les dames de la haute aristocratie réunies dans un salon ou autour d'une table élégamment servie, comme l'était celle de l'*hôtel*

Schwann, elle ressemble alors au doux gazouillement des oiseaux.

Les Anglais et les Anglaises aussi voyagent beaucoup ici, comme partout du reste; leur idiome est également agréable pour ceux qui le comprennent; presque tous et toutes peuvent parler notre langue; tandis qu'ils sont encore rares les Français, qui peuvent s'exprimer autrement que dans leur langue maternelle!

La salle à manger partout ici est de plus d'importance que le salon, elle est, dans les hôtels, la pièce principale; celle de l'*hôtel Schwann* est décorée de dorures, de sculptures, de peintures orientales, de lustres, d'appliques, etc... Le dîner est en rapport avec tout ce luxe, c'est la cuisine allemande, mais on commence à la franciser; ainsi, une petite soucoupe, placée à côté de l'assiette, est destinée à recevoir la compote pour les personnes qui n'apprécient pas autant les mélanges.

Le dîner achevé, nous nous mettons en devoir de visiter Francfort-sur-le-Mein, bien supérieure à son homonyme Francfort-sur-l'Oder, par le brillant de ses grandioses habitations, c'est la ville la plus vivante et la plus riche de toute l'Allemagne, (120,000 habitants); les rues sont en général spacieuses, celle de Kaiserstrasse (rue de l'Empereur), dont j'ai rapporté la photographie, est la plus belle de toutes : les constructions y sont en grès rouge travaillé; des cariatides soutiennent les balcons; elle conduit au Rosmarkt (marché aux fleurs), la plus grande place de toute la ville. Là, s'élève un monument : Gutenberg d'après Von de Launitz (1867). Il est entouré de Furst et Schœffer, inventeurs avec lui de l'imprimerie. Sur la place voisine qui porte le nom de Gœthe est sa statue en bronze, par Schwanthaler déjà nommé dans ce récit, (il en a du reste fait beaucoup aussi).

Notre aimable compagne de route étant fatiguée, nous avons heureusement la chance de trouver, à une des stations, une voiture découverte qui nous est commode pour continuer notre visite. Outre cela, le cocher est complaisant, il nous fait remarquer la maison de Gœthe dans la rue dite grosse Hirschgraben (grand fossé du cerf).

Le Zeil (ligne) désigne une grande et belle rue marchande ressemblant assez aux beaux boulevards marchands de notre capitale. A son extrémité *O*, derrière le grand corps de garde, sur la place est la statue de Gœthe, nous la revoyons avec plaisir.

L'Hôtel de Ville, appelé le Rœmer, tient son nom de la salle des empereurs, restaurée telle qu'elle était autrefois : c'était là où les souverains tenaient séances. On y voit tous les portraits modernes des empereurs d'Allemagne, depuis Charlemagne jusqu'à François II. C'est sur la place qui précède, appelée le Rœmerberg, qu'avaient lieu les réjouissances populaires lors du couronnement.

Près du Rœmerberg au sud, sur le quai, se trouve le Saalhof que nous n'avons pas visité, mais dont la vieille chapelle nouvellement restaurée faisait, dit-on, partie du palais des empereurs carlovingiens. Avec la meilleure volonté du monde, on ne peut arriver à voir tout, il faut faire un choix dans d'aussi belles choses.

La cathédrale était en réparation, mais nous y avons pénétré quand même, Mlle de B... et moi, pendant que M. M... montait à la tour qui a son entrée sur une autre rue, il nous en a rapporté une fleur d'œillet cueillie tout làhaut.

On décore l'église à l'intérieur de peintures orientales : c'était un véritable chaos d'échelles et d'autels provisoirement déplacés.

En visitant le vieux Francfort, il faut voir la rue de la Boucherie, Victor Hugo dit dans son ouvrage : « J'ai trouvé curieux ces immenses étalages de chair fraîche que surplombent les obscurs pignons des maisons, qui se rejoignent presque, tant la rue est étroite. » Peut-être ne l'avons-nous pas vue un jour de grand approvisionnement, ou bien cela tient-il à ce que nous avons aussi à Douai la rue de la Boucherie, mais elle ne nous a pas fait la même impression.

La rue des Juifs, une des curiosités de Francfort, est en train de disparaître, les maisons menaçaient ruine.

Le théâtre est de construction moderne, sur le modèle du grand Opéra de Paris, nous y avons vu donner *Obéron :* la mise en scène est tout à fait féerique. Sur cette même place où s'élève le théâtre sont d'énormes hangars, toute une grande construction, destinée à ranger les décors qui sont considérables.

La pensée de la mort étant chose salutaire, nous nous faisons conduire au cimetière.

Avant d'atteindre l'entrée, le cocher nous fait apercevoir à droite, dans le lointain, la maison de campagne de Rothschild, frappant contraste des richesses avec le néant de l'humanité.

A la porte du Friedhof (cimetière) sont des bouquetiers occupés à dresser des multitudes de couronnes en fleurs naturelles. A l'intérieur, pas une tombe qui ne soit ornée de roses ou de reines-marguerites d'une grande fraîcheur; les couronnes de perles sont ici d'un usage inusité, ce qui n'empêche pas les sépultures d'être toutes très soignées et bien entretenues : le Vergissmeinnicht (ne m'oubliez pas) joue un grand rôle sur ces dernières demeures, il pousse dans des corbeilles pleines d'eau.

Au fond, une colonnade contient les caveaux des principales familles de Francfort, sur le côté, derrière un mur de séparation, est le cimetière des israélites.

Jeudi, 18 septembre. — En attendant le café au lait que nous avons demandé dans notre chambre, j'observe du balcon les usages du pays, je vois des laitières portant très adroitement leur pot-au-lait sur la tête ; les marchands de légumes respectent le sommeil des retardataires, ils circulent sans crier, enfin, hors quelques voitures bariolées pour attirer l'attention, point de réclames ; nous sommes, en France, si peu habitués à ce calme silencieux, que je me demande très sérieusement si je ne suis pas devenue sourde instantanément.

Des tramways d'un passage fréquent conduisent à droite au Palm Garten, à gauche au jardin zoologique.

Notre matinée est employée à visiter Zoologischen Garten (Jardin de Zoologie) le meilleur souvenir que nous en ayons est celui d'une intéressante myriade de poissons, habitués à s'approcher des visiteurs, la bouche démesurément ouverte pour recevoir le pain qu'on prend plaisir à leur distribuer. L'après-midi, nous nous rendons à Palm Garten (Jardin des Palmiers) qui dépasse en parc d'agrément tout ce qu'on peut imaginer de plus joli et de plus soigné; la serre est dans le genre de celle du jardin d'acclimatation à Paris. Les Allemands sont forts pour les restaurants, il y en a un magnifique où l'on entend de la musique; ils sont aussi fort mélomanes, ainsi que les oiseaux qui viennent, familièrement, ramasser les miettes sous les petites tables, aux pieds des étrangers.

Vendredi, 19 septembre. — Nous demeurons toujours à Francfort qui vaut bien la peine qu'on y séjourne un peu.

Notre aimable cicerone, M. M..., est parti sur le Taunus étudier la vertu des plantes, cette longue montée fatiguerait Mlle de B..., aussi devons-nous, simplement, le rejoindre cet après-midi à Hombourg.

Notre matinée est dépensée à nous rendre sur la rive gauche du Mein, au Musée Staedel, magnifique local tout moderne. La galerie de peinture mérite particulièrement une visite, les jeux d'ombre et de lumière des tableaux sont bien ménagés, la perspective des mieux réussie. Parmi l'exposition italienne, on remarque surtout les Pères de l'Église par Moretto. Le seul tableau espagnol de Velasquez est remarquable par le coloris. La parabole de la Vigne, par Rembrandt, a des amateurs très sérieux, dans notre entourage, à commencer par mes compagnons de voyage.

De beaux beffrois indiquent l'ancienne enceinte de la ville, nous voyons l'église Frauenkirche (église Notre-Dame) puis la halle aux fruits et aux légumes ; en allant hors de la ville, lors de notre méditation sur nos fins dernières, nous avions vu, en passant, un musée où se trouve renfermée l'Ariane de Danneker, mais, le portier, à notre demande, ne se laissant pas tenter par l'appât du Dieu d'or, nous répond impitoyablement, ce n'est ni le jour ni l'heure, on ne peut entrer.

Nos regrets furent moins vifs, lorsque, flânant un peu aux magasins du Zeil, nous voyons à toutes les vitrines des bijoutiers ou marchands d'objets d'art, la fameuse Ariane de Danneker.

Nous n'avons plus de temps à perdre, quittant l'*hôtel Schwann*, nous considérons sur cette même place, un théâtre plus petit et plus ancien que l'autre, mais il ne s'agit pas d'y retenir des places pour faire la comparaison à l'intérieur; il est midi; munies de nos billets de chemin de fer que M. M... nous avait pris obligeamment à l'avance, en 3/4 d'heure, nous sommes à Hombourg : point n'est besoin cette fois de l'Aréosear de Jules Verne, mais nous l'aurions eu en plein Palatinat pour faire le long trajet aller et retour d'Heidelberg à Stuttgard, qu'il nous aurait bien rendu service en nous abrégeant la distance.

Hombourg. — Charmante petite ville d'eau, très fréquentée à cause de ses bains. La vie s'y concentre au Kurhaus (casino); des allées conduisent de là aux sources minérales, éloignées de 15 mètres.

Une belle rue, principalement composée d'hôtels, conduit du chemin de fer à l'Établissement, notre choix se porte sur l'*hôtel de l'Europe* où nous arrivons quelques minutes avant la table d'hôte, 1 heure 1/4. Le maître d'hôtel qui peut avoir 60 ans, vient prendre place devant nous, avec une dame anglaise et son petit garçon, un monsieur allemand et sa femme; la table est loin d'être complète, mais on parle français et l'on fait beaucoup d'efforts d'amabilité à l'exception du jeune ménage qui ne se trouve pas placé pour prendre part facilement à notre conversation ou plutôt à celle de l'hôtelier. Celui-ci raconte qu'il était à Paris en 1848, à l'époque des barricades, qu'il a en ce moment un cuisinier français qui a de la peine à se faire avec ses aides qui ne le comprennent pas; la dame anglaise fait, en bon français, des compliments sur la cuisine, etc. Pour nous aider à digérer le dîner, nous sommes allés aux sources goûter l'eau thermale; le parc est dominé par le château situé sur un contrefort du Taunus.

Nous avons retrouvé notre compagnon de route, les pieds meurtris de sa rude ascension.

Samedi, 20 septembre. — Départ pour Mayence, située sur la rive gauche du Rhin, et presque en face de l'embouchure du Mein dans ce fleuve. Un pont de bateaux long de 740 pas la réunit à la petite ville de Cassel, sur l'autre rive. Tous les hôtels sont situés dans une rue qui longe le Rhin et le chemin de fer, desquels on est séparé seulement par un vieux mur. Ce n'est plus là la belle situation de notre hôtel à Francfort qui faisait coin sur une jolie place très près du beau bâtiment de la Bourse, et où une plaque de marbre rappelait que là avait été signé le traité de paix de 1871.

C'est égal, nous ne nous déplaisons pas à Mainz (Mayence) malgré le mur tout noir que nous avons sous nos fenêtres, on habite si peu sa chambre à l'hôtel! Pourtant les soirées deviennent courtes, nous sommes obligés d'allumer le soir pour lire! cela ne dure pas longtemps, le sommeil vient vite, après avoir respiré l'air pur toute la journée.

Les rues de la ville sont noires comme de l'encre à imprimer, et la plupart tortueuses, les tramways passent devant l'hôtel jusqu'à une heure très avancée de la nuit; les conducteurs de ces voitures ont des sifflets très perçants, cependant qui n'interrompent pas notre sommeil, nous en avons fait l'épreuve.

Il est assez fréquent ici de voir des matelas en trois parties, je les ai déjà cités pour les avoir rencontrés; l'*hôtel Schwann* en avait également, nous les retrouvons à Mayence.

Après avoir entendu la messe à la cathédrale, nous l'avons visitée en détail, elle est excessivement intéressante au point de vue archéologique. Différents incendies obligèrent à la réparer, la dernière restauration eut lieu au xve siècle; sa forme actuelle est à trois nefs, avec des chapelles de côté; deux chœurs, l'un à l'est, l'autre à l'ouest et un transept près de ce dernier. Deux belles coupoles flanquées chacune de deux tours lui donnent un aspect imposant. A l'intérieur, on remarque surtout les nombreux monuments d'archevêques de Mayence, qui se trouvent aux piliers et qui forment toute une série depuis le commencement du XIe siècle jusqu'à nos jours. Ces archevêques avaient le privilège de couronner les empereurs d'Allemagne, plusieurs des monuments le rappellent.

Nous avons pénétré à gauche, dans un beau cloître gothique.

Sur une place, non loin de la cathédrale, s'élève une statue de Gutenberg; l'inventeur de l'imprimerie est né à Mayence, à la fin du XIVe siècle.

L'église Saint-Etienne est à l'endroit le plus élevé de la ville : l'édifice est gothique, date de 1318 et renferme quelques monuments du moyen âge.

La Neue-Anlage est une promenade bien située pour le point de vue dont on y jouit ; nous avions fait avant d'y arriver un tour intéressant sur le quai et le pont du chemin de fer d'ou l'on est près de l'embouchure du Mein.

Dimanche, 21 septembre. — Avec de nombreux habitants de Mayence, enchantés de profiter d'un jour de fête, nous gagnons le chemin de fer à Castel pour aller à Wiesbaden : séjour charmant. Cette ville est une de celles dont j'ai gardé le meilleur souvenir; ses eaux sont des plus anciennes, elles sont chaudes, désagréables à boire, mais nous ont fait, par l'imagination, le plus grand bien; nous n'en avions nul besoin, mais, par pure curiosité, nous y avons goûté ici, comme partout ailleurs.

L'église catholique est en réparation, nous y entendons pourtant la messe, pendant laquelle on chante quelques cantiques pieux et harmonieux, un prêtre monte ensuite en chaire, mais sa vue occasionne une grande terreur à Mademoiselle de B... qui, sans le comprendre, a déjà subi l'épreuve d'un sermon en allemand à Heidelberg.

Nous sortons bien vite, la messe étant finie, et nous regagnons Wilhelmstrasse, avenue de dix minutes de long, plantée de magnifiques arbres et bordée de chaque côté de jolies villas, dans le genre anglais, avec leur jardin vis-à-vis et terrasse sur rue, au premier étage; à l'endroit où on croise la Francfortstrasse (rue de Francfort), est la nouvelle église anglicane; l'église évangélique est du style gothique, à cinq tours achevées en 1863.

C'est l'édifice le plus important de la ville, elle est de Boos; ayant déjà vu l'intérieur d'une église évangélique, nous n'avons point pénétré dans celle-ci, il nous a suffi de savoir, d'après le guide, qu'elle renferme les statues colossales des Evangélistes et du Christ par Hofgarten.

Nous nous sommes fait ouvrir une synagogue; elles sont toutes sur le même style, avec tribunes pour les dames : En bas, sur l'un des bancs à l'entrée, traînait une de ces écharpes d'un blanc douteux, que les dignitaires se mettent sur la tête pendant l'office.

Devant le Kursaal (casino) sont de belles fontaines et de chaque côté de belles colonnades transformées en jolis bazars.

L'édifice est magnifique, il s'y trouve d'élégantes salles de danse et un restaurant; la terrasse qui est derrière, sur le bord du grand étang, est le rendez-vous des baigneurs; il y a là concert tous les jours, auquel se mêle le bruit argentin d'une magnifique gerbe d'eau qui s'élève à **30** mètres de hauteur. Le parc est très étendu, il y a beaucoup de jeux pour les enfants.

La Trinkhalle (galerie des buveurs) met les environs de l'Etablissement en communication avec la principale source thermale de Wiesbaden, le Kochbrunnen (puits du cuisinier) qui est d'une température de cinquante degrés Réaumur, et contient du chlorure de sodium : naturellement, nous en avons bu; le matin, elle est très animée, beaucoup de grands établissements de bains sont auprès. Non loin de là, sur le Krantzplatz (place de la Couronne) est un groupe d'Hygie par Hoffmann.

La ville d'un séjour agréable l'été, aussi recherchée l'hiver à cause de la douceur de son climat, compte 43,700 habitants.

Nous pénétrons dans le musée, ancien palais du prince héritier, situé n° 7, Wilhelmstrasse : nous laissons Mademoiselle régler la pension de son ombrelle; elle présente trois centimes allemands, c'est tout ce qu'elle possède de cette monnaie, on lui dit : « Es ist nicht genug Sie müssen geben zehn Pfennig. » Ce n'est pas assez, vous devez donner dix centimes. N'étant pas sûre d'abord de bien comprendre, elle prend le parti le plus sûr et revient, quelques pas en arrière, pour nous rejoindre; nous sommes prêts à la tirer d'embarras.

Il y a de tout dans ce musée, une riche collection de vieilleries, de tessons de bouteilles cassées, de morceaux de terre cuite, tout cela, autant de trésors pour les archéologues.

Mademoiselle attend difficilement le repas d'une heure, son repas se ressent alors de son capricieux estomac, elle mange fort peu; quant à nous, nous faisons honneur au bon dîner du restaurant : les anchois savamment préparés hachés et servis avec un très joli plat panaché de choux rouges, choux blancs, choucroute et choux verts nous paraissent délicieux et nous mettent de nouveau en appétit.

La salle est pleine de monde, c'est en ville très près de Wilhelmstrasse (rue Guillaume) que nous avons eu la main assez heureuse, pour découvrir ce restaurant ; le tramway nous y prend au passage et nous conduit dans la direction de la magnifique chapelle russe, sur le versant du Néroberg. Ses coupoles dorées brillent au soleil de tout leur éclat, ses murs se détachent sur la verdure, on dirait un nid de colombes, c'est une bien jolie situation. De là nous gagnons un autre joli versant et le Nérothal (jonction de la vallée) où le tramway s'arrête.

Nous visitons l'intérieur de l'église russe : à droite en entrant est le tombeau de la duchesse Elisabeth Mikaelowna (1845), sculpture en pierre blanche, représentant la princesse couchée ; elle a 19 ans, âge de sa mort. On voit sous verre, dans un cadre de 40 centimètres environ, le portrait de l'Empereur, c'est ainsi dans toutes les chapelles catholiques russes. Je dois dire que c'est une gracieuseté de mes compagnons de voyage d'être entrés uniquement pour moi, car eux ont déjà eu occasion d'en visiter quelques-unes. Peu de choses autour de l'autel, quelques tableaux peints en Russie, comme cela est en usage dans leur religion.

Il faut payer pour visiter, ce qui se conçoit ; du reste, on ne laisse pas repartir sans faire remarquer, au travers des vitraux de couleur, le panorama de Wiesbaden.

Lundi, 22 septembre. — Nous nous embarquons à Mayence vers neuf heures du matin, sur le bateau à vapeur qui fait le service des voyageurs.

Nous rencontrons d'abord, à droite Biebrich, petite ville où se trouve un château de l'ancien duc de Nassau, puis Schierstein, avec le château de Frauenstein. Johannisberg dont les vignes produisent le célèbre vin du même nom.

Rudesheim renommé dans le monde entier pour ses vins excellents que nous avons goûtés à Coblentz le 25 septembre, à l'*hôtel de l'Ancre* où nous avons été reçus en amis.

Nous descendons là, prenant le chemin de fer si pittoresque, qui longe le grand fleuve de chaque côté ; nous gagnons la station suivante, Assmanshausen, connu par ses fameux vins rouges, qui se vendent très cher.

Après un déjeuner pris à l'*hôtel Anker* (ancre), nous gravissons le Niederwald, renommé pour son point de vue et sur lequel se trouve maintenant au versant sur le Rhin, la fameuse statue : la Germania, douloureuse au cœur français, car elle a été élevée en souvenir de la guerre de 1870 : c'est un monument colossal, que les Allemands visitent avec orgueil.

Nous en redescendons vite pour Rudesheim ; là, un vapeur nous conduit sur l'autre rive à Bingerbruck où nous prenons l'embranchement sur Creutznach.

Creutznach-les-Eaux. — Cette ville possède deux stations, l'une principalement à l'usage des baigneurs. Sa situation sur les bords de la Næhe est charmante, les ponts ont cela de particulier qu'il s'y trouve des maisons suspendues, entre autres celle du docteur F... qui a si bien inspiré Gounod dans *Faust*, ce splendide opéra qui est son chef-d'œuvre ! Il y a ici de célèbres rochers de porphyre de 335 mètres de haut, ils constituent une grande industrie pour le pays, par la taille des agates, desquelles on fait des bijoux. Le Kurhaus que nous nommerons désormais le *Casino* pour plaire davantage aux lecteurs, le casino, dis-je, est très fréquenté, les hôtels, les bains, les sources et les promenades y attirent les étrangers, c'est le centre de l'animation pendant la saison. Nous sommes montés au château, détruit par les Français en 1689.

Nº **23**. *Hôtel Taube* (du pigeon) nous trouvons un repas simple, mais offert par la main des grâces : c'est la jeune fille de la maison qui se montre très empressée; elle a fait son éducation en Belgique, connaît un peu le français quelle a entre parenthèse fort oublié, ce qui rend notre conversation très drôlatique, et réjouit M. M... qui se plaît à la taquiner.

Mardi, 23 septembre. — Notre chambre à l'*hôtel Taube* est au premier étage, le plus vaste et confortable à la façon des maisons anciennes, nos fenêtres donnent sur la grand'place. De grand matin, après la promenade au château, excursion d'une vingtaine de minutes tout au plus, nous regagnons Bingerbrück par la voie ferrée et de là nous naviguons de nouveau... Toujours le même spectacle grandiose et enchanteur cela tient du mirage, de la vision, mais il faut l'avoir vu pour s'en rendre compte. Parfois à droite et à gauche s'élèvent de riches coteaux de vignes qui produisent les crus les plus renommés, des ruines du moyen âge les surmontent, gagnant ainsi la cime des cieux et faisant de ce paysage un décor splendide.

Quelques-unes de ces ruines, lorsqu'on les approche de près, ont de ces lézardes nombreuses qui font l'effet de fleuves sur les cartes géographiques, d'autres sont restaurées et habitées.

Nous avons ainsi pu admirer *Ehrenfels* sur la droite, puis une île comme particularité, elle porte le nom du château qui la surmonte, le *Mausenthurm* (tour de la souris) connue par la légende d'après laquelle l'évêque Hatto aurait été jusqu'ici, poursuivi par des souris. Elle a probablement été bâtie ponr assurer le péage du Rhin; la restauration en a été faite en 1856.

Nous traversons maintenant un écueil, autrefois dangereux, le *Bingerloch*. On en a fait sauter les rochers, mais le courant est encore violent.

A droite du château pittoresque de *Bingerloch* se trouve Rheinstein reconstruit en 1829, les ruines de Reichenstein de Falkenbourg, celles de Sonneck restaurées, la haute tour du château de Heimbourg au-dessus du village de Niederheimbach et celui de Fürstenberg, etc.

Saint-Wermer, du XIIIe siècle, dont il ne reste que les ruines pittoresques du chœur. Le château de Staleck sur la hauteur fut assiégé et pris huit fois pendant la guerre de Trente ans.

Nous passons l'arrêt de Loch, nous arrivons à Bacharach : là, une église ancienne, du

XIIe siècle, style roman, sous le vocable de Saint-Pierre.

Au-dessus, cette fois à droite, Caub, petite ville de **2,000** habitants où eut lieu en **1876** un éboulement de rocher qui renversa plusieurs maisons et ensevelit nombre d'habitants. Le château de Gutenfels, au-dessus de la ville, fut détruit en **1805**, par ordre de Napoléon.

Si les Prussiens ont été rigoureux en **1870**, il faut avouer que les provinces d'Allemagne ont été terriblement ravagées sous le premier empire.

Dans le Rhin, s'élève cette fois un petit îlot surmonté d'un curieux château : la Pfalz, c'est ici que les Prussiens et les Russes, dans la nuit du jour de l'an **1814**, passèrent le Rhin, sous la conduite de Blücher. A gauche, la station d'Oberwesel, où nous descendons Rheinischer Hof *(hôtel du Rhin)*; c'est naturellement une enseigne que prennent beaucoup d'hôtels de la rive, elle est bien désignée, bien à sa place et ne coûte pas grands frais d'imagination. Nous pouvons, fort heureusement pour nos appétits terriblement aiguisés, nous assurer le repas d'une heure. Il n'est que midi, nous avons le temps de voir un peu le pays; c'est vers l'église que nous nous dirigeons, elle date du commencement du XVe siècle.

Nous sommes à un des plus beaux sites du Rhin; la ville est très ancienne, entourée de murailles et de tours au nombre desquelles est l'Ochsenthurm (tour des bœufs) à l'extrémité nord. Pourquoi la désignait-on ainsi, je n'en sais vraiment rien.

Le dîner est bon, le cuisinier prévenu en temps, n'a pas allongé la sauce avec de l'eau, notre hôte dine avec nous, il paraît peu favorisé de la santé et n'a pas l'air heureux, en effet, sans ce bien-là, les autres sont fort peu de chose. Un second convive nous tient compagnie au bout de la table : c'est un rustique allemand. Après le repas encore la promenade, toujours la promenade, que pourrait-on faire de mieux ayant quelques heures à dépenser; notre correspondance est au courant, rien ne nous presse de ce côté. Sur notre chemin, comme pour tenter notre gourmandise, on fait la cueillette des noix, cela nous procure l'occasion d'en goûter quelques-unes.

Une jolie petite propriété, pittoresquement placée comme tout ce qui perche dans ce pays, nous procure l'occasion de faire une halte. Des habitants du pays se réunissent pour faire entendre le fameux chant de Heine très connu, très populaire dans ces contrées. « Ich weiss nicht wass soll es bedeuten, dass so traurig ich bin. » (Je ne sais pas ce que cela signifie que je suis si triste), et ils ne sont jamais plus gais que quand ils chantent cela.

On a d'ici une vue superbe du rocher de Loreley, qui a aussi donné lieu à quelques compositions de poésies et est également célèbre par un écho qui répète le son cinq fois, curiosité dont on fait souvent juge le voyageur.

L'heure s'avance et nous avons repris le bateau pour continuer notre route, à droite, Saint-Goneshausen avec la forteresse communément appelée Die Katze (le chat) que les Français firent sauter en 1806.

Encore à droite, la *Lorlei*, rocher sur lequel, d'après une légende populaire, demeurait une sorcière qui attirait les passants par la douceur de ses chants et qui, finalement, se précipita elle-même au milieu des flots pour ne plus reparaître. Je rêve volontiers à cette Lorlei, car j'en ai connu et appris par cœur la poésie, avant de savoir qu'un jour je lui rendrai visite. Entendons-nous bien, je parle du site et non pas de la sorcière dont je me soucie comme de l'an 40.

Die Maus (la souris), ruine du XIVe siècle. Ce château fut nommé ainsi par le comte de Katzenellenbogen : le chat et la souris se regardent, dit-on, comme s'ils se guettaient.

Et notre bateau continue à sillonner lentement le fleuve; cette promenade est d'une silencieuse et mélancolique poésie.

Nous sommes maintenant à SAINT-GOAR.

Le brouillard commence à nous envahir, avec une telle force, qu'au lieu de toucher à peine barre en cet endroit, nous prenons gîte à l'hôtel Rheinfels, pour souper et nous coucher.

Notre chambre est au rez-de-chaussée sur le quai, elle est spacieuse.

Le souper comprend : thé pour l'un de nous — un franc vingt centimes; deux portions de jambon de Mayence — un franc soixante-dix centimes; raisin et bière — un franc dix centimes; le tout excellent.

Comme il est facile d'en juger, la vie n'est pas chère dans les bonnes auberges rhénanes, huit francs pour trois lits, deux chambres également belles.

Comme déjeuner du matin, deux thés complets, pour deux francs; les petits pains sont servis avec abondance, accompagnés, selon la coutume, de beurre, de sucre et de miel.

En aval de la ville, sur une hauteur, les ruines de la forteresse Rheinfels qui, en 1797, fut livrée aux Français sans avoir été défendue et qui fut détruite par eux.

Mercredi, 24 septembre. — Il est neuf heures du matin, le commandant du bateau ne s'est pas encore décidé à partir, son regard plonge gravement dans un lointain toujours obscur, le brouillard ne veut pas encore se dissiper ; c'est un retard de deux heures par la crainte d'accidents : nous voici, pour varier nos loisirs, dans le salon du Schiffboot, livrées à d'interminables réflexions. M. M... reste sur le pont en observateur, enfin, il vient nous annoncer qu'on va partir.

Il est dix heures, le brouillard se lève un peu, nous remontons bien vite mais on voit encore fort peu de chose.

Nous distinguons les ruines grisâtres de deux châteaux jumeaux s'élevant sur des rochers éboulés, à notre droite, ils se perdent dans la brume.

A gauche : Boppart, belle ville de 5,300 habitants ; derrière, au milieu d'arbres fruitiers, l'ancien couvent de femmes de Marienberg, devenu depuis établissement hydrothérapique.

A droite, l'imposant château de Marksburg, la seule forteresse ancienne des bords du Rhin qui soit intacte ; il s'appela d'abord le château de Braubach, car il est sur le haut rocher qui domine cette ville, mais on y construisit en 1437 une chapelle dédiée à saint Marc, qui lui donna ce nom.

A gauche, la ville de Rhense, distante de quelques pas, conserve dans son voisinage l'un des plus augustes souvenirs des temps féodaux : c'est le Kœnigstuhl (siège royal).

D'autres prétendent que le véritable a été détruit, on soupçonne les aubergistes de Rhense d'avoir accrédité une fable, qui fait vivre leurs cuisines, durant six mois de l'année.

Bien avant le temps où l'usage transporta dans la salle du Rœmer à Francfort, le siège de l'élection impériale, cette élection se débattait ici.

A droite, la petite ville d'Oherlahnstein se trouve un peu à l'écart du Rhin, sur un mamelon escarpé ; au-dessus de la Lahn, le château de Lahneck, que nous allâmes visiter en nous promenant.

Nous arrivons à Niederlahnstein vers onze heures et demie, le train part impitoyablement sans nous laisser le temps de prendre un malheureux bifteck, force nous est de rentrer notre appétit.

Arrivant à Ems, nous employons une demi-heure, d'un temps très court, à dîner à la carte à *l'hôtel de Flandre*, près du chemin de fer ; la température est douce, cela nous permet de nous faire servir sur la terrasse, devant l'hôtel.

Des soldats allemands reviennent des manœuvres, ils font dans leurs wagons un tapage infernal.

Ems compte 6,000 habitants, est bâtie dans un joli site à 74 mètres d'altitude, sur les deux rives de la Lahn, au milieu d'une vallée étroite, entourée de hauteurs rocheuses et boisées.

Elle se compose de Bad-Ems, longue rangée de maisons qui s'étend sur la rive droite de la rivière Spiess-Ems; sur la rive gauche, beaucoup de jolies villas s'étagent au pied du Malberg et du village d'Ems, à l'extrémité de Bad-Ems, sur la rive droite. Quatre ponts relient les deux rives.

Pendant la saison, le roi d'Allemagne y demeure avec toute sa cour; les sources qui y sont très efficaces, sont renfermées dans une superbe construction.

Une colonnade en fer, sous laquelle sont des magasins, où se vendent, pour la plupart, des objets de luxe, relie l'Établissement au Casino, situé au milieu du Kurgarten.

Le bâtiment, élevé en 1839, comprend plusieurs salles brillantes, musique chaque soir pour les dilettanti, cabinet de lecture, restaurant avec nombreuses tables dans le jardin, toutes très avenantes et invitant à s'y asseoir; nous y avons pris une excellente tasse de café.

A l'extrémité supérieure du Kurgarten, non

loin du pavillon des musiciens, une plaque de marbre dans le sol « 13 juillet 1870, neuf heures dix du matin », indique l'endroit où le roi Guillaume fit faire à M. Benedetti, ambassadeur de France, la réponse qui motiva la guerre si désastreuse de 1870-71.

A l'extrémité inférieure du parc, sur le bord de la rivière, nous avons remarqué l'établissement de bains royal des quatre tours.

Dans le voisinage une église catholique, où nous avons pu entrer et faire une prière ; on est heureux de trouver cette tolérance dans un square fréquenté principalement par le roi et sa cour, en général composée de protestants.

Il était une heure de l'après-midi, lors de notre visite dans Ems : chacun prenait son repas, chose importante dans les villes d'eau; en outre, la saison étant presque déjà terminée, nous rencontrons peu de monde dehors; notre promenade ne s'étendit pas beaucoup il est vrai, car nous devions prendre le train, puis ensuite le bateau pour Coblentz en regard du somptueux château de *Stolzenfels* que nous avons eu tout le temps de considérer, mais que nous ne le visitons pas, car il est occupé en ce moment.

La largeur du fleuve nous sépare de cette illustre demeure, de style gothique ; il est magnifiquement situé sur une pyramide de rochers et a été réparé, à grands frais, pour le roi Guillaume qui l'habite un peu chaque année. Ses tours se reflètent sur un abîme, et l'ombre de ses créneaux couvre le Rhin dans la moitié de son lit.

Nous voici bientôt à COBLENTZ : *Hôtel de l'Ancre.*

Nos appartements sont beaux et ont vue sur le quai, il est environ huit heures du soir, l'effet est splendide; ce n'est pas comme à Mayence, où un simulacre de fortification nous séparait du fleuve, ici, rien de tout cela, nous le découvrons dans toute sa majesté. Le ciel a allumé ses myriades d'étoiles, la voix lactée est superbe, très éclatante, un pont de bateaux large de 390 mètres projette ses clartés qui se reflètent dans l'eau. On se croirait transporté dans un de ces mirages des mille et une nuits; le mouvement commercial est considérable, des remorqueurs traînent derrière eux de lourdes marchandises qu'ils viennent décharger sur le quai, d'autres les croisent en sens inverse, pendant que les uns vont en aval, d'autres vont en amont; puis, passent aussi quelques embarcations de plaisance que nous reconnaissons de loin à leur luminante veilleuse.

Nous t'aimons, ô vieux fleuve! et pour toujours, parce que tu as été français pendant quelques heures de ta longue existence et par l'espérance entrée dans notre cœur, que tu le redeviendras un jour!

Mais revenons au positif, c'est fort beau la poésie, mais il y a d'autres nécessités qui se font sentir, nous sommes à jeun depuis midi.

Un excellent souper à la carte nous attend dans la salle du restaurant de l'hôtel, un bon potage, de la tête de veau à la tortue, du macaroni; nous portâmes là-dessus notre choix, avec accompagnement d'autres bonnes choses encore, la bière de Bavière et le petit vin blanc du pays constituent dans toute l'Allemagne occidentale une boisson excellente.

Après le repas, il est neuf heures, nous remontons dans nos appartements respectifs, nous avions fait de vaines tentatives pour aller chercher la Moselle à son embouchure, mais pour ne pas confondre autour avec alentour, il est plus raisonnable de remettre à demain, ce serait humiliant d'avoir à demander son chemin à un sergent de ville.

Jeudi, 25 septembre. — Le long du fleuve, à l'extrémité du quai, vers Stolzenfels, est une belle promenade, une belle avenue bordant toujours la rive, elle est très fréquentée de la reine et aussi des habitants; la vue de Stolzenfels et des montagnes de l'autre côté de la rive en est fort jolie.

Coblentz, comme toutes les villes des bords du Rhin, est de temps à autre visitée par l'inondation; n'importe, un charme infini accompagne le voyageur dans ces lieux. On conçoit facilement l'amour passionné que suscitent dans un cœur germanique les rives du pays natal, on conçoit que l'indigène s'y attache avec une énergique tendresse, en les voyant si belles, en les peuplant par la pensée des ombres de ses aïeux, des monuments de son histoire, en y retrouvant tous les sites, tous les souvenirs, tous les fantômes dont la poésie l'entretient tout enfant dès son berceau.

Coblentz sert d'entrepôt au commerce de la contrée. Son pont de bateaux sur le Rhin s'ouvre, comme nous l'avons dit, et cela à tout instant, pour livrer passage aux remorqueurs, traînant après eux de longs convois de marchandises; enfin, immédiatement en face de la ville, au delà du Rhin, une montagne de basalte porte une citadelle élevée de quatre cents pieds au-dessus de l'eau et vraiment formidable. Elle s'appelle *Ehrenbreitstein* (large pierre d'honneur), un beau nom pour une forteresse et qui ordonne à ceux qui l'occupent de verser tout leur sang. De la face méridionale d'Ehrenbreitstein, l'œil jouit d'un des plus beaux panoramas du monde entier.

La contrée que nous venons de parcourir se dessine en relief dans un cadre magnifique. D'un côté, le cours sinueux du Rhin, à travers les rocs, les forêts et les montagnes, de l'autre côté la vue de la Moselle qui s'égare dans de vastes prairies auxquelles succèdent à l'horizon plusieurs étages de coteaux hérissés de vignes.

Nous aurions pris racine sur ce bastion s'il n'avait fallu descendre, toujours guidés par un fantassin, coiffé d'un casque à la romaine, surmonté d'une pointe en cuivre doré.

En parcourant la ville, nous fûmes aises d'y revoir un petit monument qui date de l'empire français. C'est une fontaine de mince apparence élevée sur une place, en face d'une église dédiée, à saint Castor. Une colonne de pierre qui surmonte la fontaine porte ces mots :

AN MDCCCXII

MÉMORABLE PAR LA CAMPAGNE

CONTRE LES RUSSES,

SOUS LE PRÉFECTORA DE JULES DOUZAN.

« Préfectora » est dans le texte ; au-dessous, une autre main a écrit :

Vu et approuvé par nous, commandant Russe,
dans la ville de Coblentz,
le 1er janvier 1814.

L'épigramme est fine, tout le monde voudrait l'avoir faite, excepté un Français; or, j'ai honte de le dire, c'est un Français qui en est l'auteur.

En écrivant cette phrase, le comte de Saint-Priest n'a pas osé la signer de son nom.

N'importe, l'inscription est d'une moralité instructive; si jamais la fortune remet Coblentz entre nos mains, loin de renverser cette maxime et cette fontaine, on devrait la restaurer et planter une belle grille alentour. Elle rappellerait aux successeurs de Jules Douzan, tentés de l'imiter, cette maxime d'un sage : « Qu'il ne faut appeler heureux ni un homme avant sa mort, ni une entreprise avant sa fin. »

Nous avons vu l'intérieur de l'église Saint-Castor, on la repavait entièrement, on descend, pour y entrer, contrairement à beaucoup d'églises où l'on monte au moins quelques marches; elle est fort ancienne.

Il est question que nous quittions Coblentz ce jour :

Vendredi, 26 septembre. — Déjà hier, notre intention était de repartir, mais nos aimables hôtesses auxquelles nous avions été tout spécialement recommandés par nos bons amis de Douai, ont opposé leur veto à ce projet.

— Notre empereur, nous disaient-elles, vient dans notre ville pour l'inauguration de la statue du général Von Geben, notre compatriote qui a laissé un bon souvenir par sa bienfaisance, nous avons des places retenues à une fenêtre, vous viendrez voir avec nous; ce soir, nous comptons vous montrer les illuminations.

Ce général Von Geben est celui-là même qui occupa Amiens, lorsque la ville se rendit : j'avais eu affaire à lui à la préfecture, quand il fallut nous procurer un passeport pour gagner Arras. C'était un triste temps ! les chemins de fer était interrompus jusque là; Vogel venait de payer de sa vie la défense de la citadelle, la ville se rendait, lorsque nous nous engagions sur la route de Pas, alors entièrement couverte de neige.

Ma bonne cousine allait avec ses petits enfants et sa femme de chambre rejoindre son gendre en captivité à Neuwied, Metz venait de se rendre : nous avions eu enfin des nouvelles par ballon qui, jamais jusqu'alors, n'étaient parvenues.

Nous nous étions éloignés un instant par la pensée de l'*hôtel Anker* (de l'ancre), nous y revenons, il est huit heures du soir, les landaus de Mme Prang sont préparés à notre intention. Cette bonne dame monte avec nous dans l'un, une conversation des plus françaises s'établit entre elle et Mlle de B...; j'ai pour ma part à côté de moi une nièce de Mme Prang avec laquelle je cause allemand, car la jeune fille ne connaît pas encore la langue française, mais se propose de l'apprendre.

Dans l'autre landau qui nous suit, il y a le fils aîné de Mme Prang, celui qui tient l'hôtel et deux de ses plus jeunes frères, la quatrième place était occupée par M. M...; comme on peut se le figurer, ces messieurs s'y trouvaient fort à leur aise, la sœur aînée, voyant cela, y monta ce qui compléta la bande joyeuse.

Les illuminations étaient fort belles, mais d'une uniformité complète : le château, situé sur une place, projetait des clartés qui annonçaient l'animation amenée par la présence des hôtes royaux; on nous dit l'impératrice bonne et charitable, professant de cœur la religion catholique : quand tous, au moment de la guerre, accablaient de leur haine nos pauvres soldats français, elle était toujours bonne et indulgente à leur égard.

Au tournant d'une rue, nous remarquons quatre angles de maisons se regardant et joliment façonnés; quatre balcons vieux et bien ciselés leur font un ornement qui a bien son mérite.

On nous montre sur une place, une petite fontaine de chétive apparence, mais dont l'eau est réputée excellente.

Nous avons maintenant épuisé tout ce qu'il y avait à voir, le cocher nous a déjà fait passer deux fois par les mêmes rues; partout les bustes en plâtre de Guillaume et d'Augusta comme deux ruines qui se considèrent où plutôt, j'en fais excuse à leurs Majestés, ils sont blanchis comme des revenants du sépulcre : il est déjà dix heures du soir, nous demandons à rentrer à l'hôtel.

Dans notre voisinage se trouve de Moltke, arrivé tout fraîchement pour la cérémonie du lendemain. Je dis fraîchement, c'est notre langue française qui veut cela, mais le mot est-il bien exact? A le voir de près, tout étant bien conservé pour son âge, il est si près du bord de la tombe, qu'il apparaît comme un troisième revenant de l'autre monde. Il occupe seul le salon voisin de sa chambre, et est en train de faire une patience, à laquelle il paraît prendre goût; je crois avoir fait suffisamment comprendre qu'il est mince, comme s'il avait été enfermé dans une porte.

Voici le grand jour venu, pour les habitants de Coblentz; à dix heures du matin, guidés par notre aimable chaperon, Fraulein Prang, nous

nous rendons à la fameuse cérémonie; mais les abords sont déjà gardés, pas moyen de passer, on nous renvoie d'Hérode à Pilate, de Pilate à Hérode, pas moyen de passer davantage; l'habileté de Mlle Prang nous fait tromper la police, en usant de supercherie; une maison voisine nous ouvre ses portes, grâce à une communication intérieure dans les jardins, nous gagnons, cette fois facilement, notre poste d'observation.

Une estrade d'honneur est préparée pour l'empereur et l'impératrice, qu'on descend de sa voiture d'infirme pour la porter à la place qu'elle doit occuper; les voitures de la cour arrivent au même moment, au milieu des hoch prononcés distinctement à trois reprises différentes et au son de la musique; il s'en faut de peu que leur tapage n'ébranle la statue encore dissimulée sous une toile. L'empereur se lève et reçoit le discours du maire, qui a tout le temps de lui déclamer beaucoup de compliments; nous n'entendons rien, la voix ne portant pas jusqu'à nous. Un groupe de dames de la ville se tient debout auprès de l'impératrice et de sa dame d'honneur; on nous montre la femme du maire mêlée à ce groupe, elle prend la place la plus éloignée du fauteuil d'honneur. pour faire politesse à toutes ces dames.

Enfin on découvre la statue, les hourras reprennent toujours avec la même symétrie, l'empereur quitte sa place, accompagné du Kronprinz Frédéric (1), qui devait avoir un règne si court; ils font ensemble le tour de la statue, les principaux officiers sont aussi de cette promenade. L'empereur est remarquablement droit, et porte le costume de général au jour d'apparat. Bismarck brille par son absence, car il est aux eaux en ce moment, son costume, lorsqu'il paraît en cérémonie, est celui de cuirassier blanc avec le casque d'argent.

La fête est terminée, les voitures de la cour repartent dans l'ordre qui les a amenées; alors, défilent ceux qui ont tué nos Français en 1870; chaque colonne a son drapeau distinctif.

Ce n'est pas, je vous prie de le croire, sans une réelle douleur que nous les voyons passer, et, le cœur bien triste, nous détournons les yeux; mais il faut attendre, pour repartir, que la place soit évacuée.

Après un dîner de table d'hôte très soigné, nous prenons congé de nos aimables amphitryons, auxquels nous restons très reconnaissants des efforts affectueux qu'ils ont faits pour nous être agréables, mais en avant! telle est notre devise, nous continuons au gré de l'eau, notre voyage jusqu'à Bonn.

(1) Mort depuis.

Les rives du Rhin au-dessous de Coblentz sont les mêmes que précédemment, c'est un bien-être inexprimable que de se sentir glisser sur une eau tranquille, les yeux rencontrant de tous côtés un paysage admirable ; mais passons maintenant un instant à considérer la physionomie du bateau qui paraît transformé en vaste cuisine, le pont en réfectoire : la traversée de quelques voyageurs est une longue ripaille. Il existe un pays dont les contes de fées où l'on navigue dans des nacelles de biscuit, sur des fleuves de sauce, ceci m'en a fait souvenir; le chef des marmitons est visiblement le personnage important de l'équipage.

Sur la rive gauche, près de Weissenthurm, s'élève le monument du général Hoche, érigé par son armée après sa dernière victoire sur les Autrichiens ; c'est un petit obélisque que nous avons parfaitement distingué.

Ce n'est pas sans une grande émotion que je m'approche des rives tranquilles de Neuwied ; cette ville, comme les forteresses de Coblentz, fut un des points habités par les officiers français prisonniers pendant la guerre ; le souvenir de Neuwied restera toujours pour notre part dans les annales de la famille.

Cette petite ville de 8,000 âmes possède, outre son active industrie, un château au prince de

Wied, des maisons d'éducation très renommées, et le réformé, le luthérien, le catholique, le juif, l'anabaptiste, le morave y demeurent sous le même toit, et ce toit est silencieux!

Toutes les religions de l'Europe se sont donné rendez-vous en cet endroit.

Dans ses fabriques, le Morave et le Quaker travaillent côte à côte, reconnaissables seulement à la couleur différente de leurs vêtements.

Le parc est beau ; à côté de la porte du château est un bâtiment renfermant une petite collection d'antiquités romaines, provenant de Niederbiber, trouvées dans une forteresse romaine, une des plus grandes sur les bords du Rhin, et qui n'est cependant mentionnée par aucun auteur latin. Ces restes importants ont été découverts en 1791, 1819 et 1857.

On voit aussi, dans les environs, la forge de Rasselstein, le plus ancien atelier de puddlage de l'Allemagne, établi en 1820.

A gauche, ANDERNACH présente un coup d'œil pittoresque, c'est l'Antonacum des Romains, toute remplie de ruines, de tombes et d'armes.

RHEINECK, avec son magnifique château moderne;

LINTZ, bâtie en pierres volcaniques;

REMAGEN, HONNEF, LE GODESBERG et ses cimes sauvages aimées des pâtres et des chèvres, le groupe tant vanté des sept montagnes que nous visiterons, après avoir été à Bonn.

BONN. La situation de cette ville est des plus heureuses, elle est bâtie en étages sur la pente d'une colline; c'est un agréable séjour, et c'est la ville où est né Beethoven; une statue de bronze s'élève sur une place, elle le représente : noble, imposant, majestueux, se livrant à ses inspirations musicales, un des plus beaux chefs-d'œuvre des classiques.

Il commence à faire nuit; parmi les anciens monuments, nous distinguons pourtant fort bien la cathédrale, basilique en forme de croix, avec deux chœurs, quatre petites tours et une haute tour octogone sur le transept, c'est un des plus beaux monuments du style roman.

Comme pour beaucoup d'églises sur le Rhin, on en fait remonter l'origine au temps de l'empereur Constantin. La partie ouest de la crypte et la partie de l'édifice correspondante sont encore du XIe siècle, l'abside est du milieu du XIIe. On restaure cet édifice.

Nous revenons à l'*hôtel Rheineck* après une promenade par les rues de la ville, tournant deux ou trois fois autour de la cathédrale pour jouir de son aspect imposant; la ville doit être belle, mais il faut voir clair pour la visiter, vous êtes de mon avis, j'en suis sûre, chers lecteurs ; du reste tous trois d'un commun accord, nous remîmes au lendemain.

Notre chambre, à l'*hôtel Rheineck*, occupe une situation splendide, fort heureusement reproduite comme par un dessin à la plume à l'entête de la note remise au voyageur, ce qui le console un peu d'y avoir allégé sa bourse. Du balcon de notre appartement, situé à l'angle du bâtiment de l'hôtel, il nous semblait être suspendues sur le fleuve, le coup d'œil pouvait tout embrasser à la fois, comme l'indique l'étymologie du mot Rheineck (coin du Rhin), nous dominions comme d'un donjon ou d'une tourelle avancés.

Samedi, 27 septembre. — A notre réveil, nous quittons promptement les excellents lits jumeaux que nous avons, Mademoiselle et moi dans notre chambre ; notre sommaire toilette de voyageuses est bientôt faite, nous gravissons par la ville pour nous rendre à l'intérieur de la cathédrale ; notre prière du matin achevée, nous nous mettons en devoir de la visiter, toujours guidées par notre complaisant compagnon auquel nous ne saurions avoir trop de reconnaissance pour toutes les peines qu'il nous a évitées et les belles choses qu'il nous a fait connaître. Une statue en bronze d'un style maniéré représente sainte Hélène, mère de Constantin, à genoux devant une croix (cette même croix a été fondue à Rome en 1756); puis deux bas-reliefs, la nativité et le baptême de Jésus-Christ aux autels de la nef et du bras droit du transept; ce sont de jolies sculptures italiennes du XVIIe ou du XVIIIe siècle.

Non loin du grand portail, se trouve le sarcophage de l'archevêque Engelbert de Falkenburg.

La crypte, nouvellement restaurée, mérite d'être vue.

La vieille maison du chapitre, qui touche à l'église, a été transformée en presbytère. Le cloître, avec ses jolis chapiteaux, est aussi du XIIe siècle.

Le centre de Bonn est la place du marché où je me rappelle avoir acheté de l'excellent raisin du pays; c'est une place triangulaire, où aboutissent les rues les plus animées de la vieille ville.

Au milieu s'élève une fontaine en forme de colonne érigée en 1777, par les citoyens de Bonn, en l'honneur de l'avant-dernier électeur de Cologne et par reconnaissance pour le bien qu'il avait fait à la ville, dit l'inscription latine.

Une magnifique et large route bordée d'une quadruple rangée de marronniers d'Inde, d'élégantes villas et de jardins, l'allée Poppelsdorf, établie au siècle dernier, commence à l'ouest de la ville, à la place de l'Empereur, près de l'université et du Hofgarten, elle conduit en dix minutes au château de Poppelsdorf, cédé à l'université par le roi Frédéric-Guillaume III et renfermant de riches collections d'histoire naturelle.

Le Hofgarten, grand jardin public, planté de vieux arbres, est une promenade très fréquentée. A l'ouest s'élève le temple protestant, édifice en briques, du style gothique, avec une haute tour, bâti de 1866 à 1871, par Dieckhoff. — En face à Kaiserplatz (place de l'Empereur), une exposition permanente des beaux-arts.

L'université de Bonn est la seconde de l'Allemagne et en fait une demeure attachante et studieuse. Un certain nombre de jeunes Anglais y séjournent toute l'année et suivent comme étudiants les cours de l'université. Ils apprennent sans efforts cette difficile langue allemande qui paye de tant de jouissances les peines qu'elle a coûtées. Quand donc suivrons-nous cet exemple? Nous sommes, pour ce qui est des langues vivantes, déplorablement en arrière sur tous les peuples de l'Europe. Le français ne suffit plus ni pour le négoce, ni pour l'industrie, ni pour la pratique de la vie, j'insiste sur ce point, le croyant essentiel.

Un monsieur que nous rencontrâmes là, avait

compris cet avantage dont il s'était vu privé, et il amenait son fils qu'il destinait comme lui au commerce, faire des études spéciales sur la langue allemande; il nous a abordés, nous entendant parler français, le sentiment national lui avait remué le cœur, et il était tout heureux, quoique ne nous connaissant pas, de nous serrer la main.

A la porte désignée : porte de Coblentz, du côté du Rhin, se trouve l'entrée : Alte Zoll (vieille douane), ancien bastion qui s'élève immédiatement au bord du fleuve; nous le gravissons, car on y a une vue célèbre sur le Rhin et sur toute la rive droite jusqu'à Bensberg, Siegburg, et notamment sur les sept montagnes.

Là, se trouve aussi le monument d'Andt, statue en bronze d'après Afinger, avec l'inscription :

ERNEST MAURICE ANDT
(1769-1860)

LE RHIN, FLEUVE DE L'ALLEMAGNE ET NON
FRONTIÈRE DE L'ALLEMAGNE

Érigé par le peuple allemand 1865

On descend au bord du Rhin par une rampe.

Un pont volant, un petit bateau à vapeur et des barques mettent la ville en communication avec le village de Bruel, situé en face et où se trouve aussi une station de chemin de fer.

Nous rentrons à notre hôtel où nous nous faisons servir un dîner sans attendre celui de la table d'hôte; les fenêtres du restaurant donnent sur le fleuve de tous côtés; cette vue a quelque chose de majestueux comme la mer. Nous remontons en bateau pour admirer les sept montagnes, l'une d'elles, en particulier : le Drachenfels.

Bonn est une ville riche et industrielle, les habitants ont en dehors de la ville, sur le bord du fleuve, de charmantes villas, très jolies à considérer.

Les sept montagnes sont trop vantées; le Drachenfels, l'une des roches du groupe de plateaux, est celle qu'on visite de préférence; mais le pittoresque en est gâté par la création d'un chemin de fer qui, quatre fois en l'espace d'une heure, est occupé à hisser les touristes jusqu'à un pavillon restaurant sur la hauteur; à deux pas, on voit un obélisque des années **1813, 1814, 1815** construit en **1857** sur les plans de Zwirmer et restauré en **1876**. De cette terrasse à trente mètres au-dessous du sommet, on suit le cours du Rhin dans toutes ses sinuosités.

Le château de Drachenfels (**325** mètres de hauteur) est à quelques minutes de la terrasse;

il fut construit au commencement du XIIe siècle par Arnold Ier, archevêque de Cologne, qui le donna en fief au couvent de Saint-Cassius à Bonn.

Les burgraves de Drachenfels furent plus tard investis de ce fief. La vue est si étendue qu'on aperçoit le cours du Rhin jusqu'à Cologne.

Nous redescendons, la montée n'avait pas été pénible, la descente ne fut pas moins agréable, à pied, au milieu de coteaux de vignes, par une haie d'épines; cependant quelques grains dorés se penchent vers moi, comme pour dire : « cueillez-moi », ils semblaient en excédent ! Je ne résiste pas à leur prière, et nous apprécions par avance l'excellence de la vendange.

Au bas de la montagne se trouve, tout près de l'eau, un restaurant, nous gagnons l'autre bord au moyen d'un pont tournant, ce qui coûte à chaque passage la modique somme de cinq centimes; là se trouve une station de chemin de fer pour Bonn, mais nous préférons gagner à pied la gare suivante, cela nous permet de jouir plus longtemps des paysages des sept montagnes et des jolies habitations construites en cet endroit par les habitants de Bonn.

Nous espérions avoir le temps de prendre notre bagage à Bonn sans nous arrêter, et aller directement à Cologne, mais le portier auquel nous l'avons confié est en retard, le transbordement ne peut s'opérer assez vite et nous oblige de descendre et d'attendre le train suivant, ce en quoi nous ne sommes pas bien malheureux.

Mais, autre tribulation, point de buffet confortable, on nous sert une collation dans le salon des dames ! troisième ennui, à peine y étions-nous installés qu'on vient nous prier de le céder à une personne subitement indisposée, nous dit-on ; la voici qui arrive, soutenue de chaque bras, l'œil hagard, les cheveux en désordre; son pauvre fils, un jeune homme de vingt ans fait peine à voir; il attend anxieusement sa sortie du salon; une heure se passe, la malade reparaît au bras de son mari, une voiture particulière l'attend, peut-être la conduit-on dans une maison de santé !

Quant à nous, après un pêle-mêle indescriptible d'assiettes et d'argenterie, nous avons pu trouver une place ailleurs.

Le train bientôt nous invite à son tour, nous arrivons vers 11 heures du soir à l'*hôtel de Cologne*, l'encombrement du samedi a amené un peu de retard.

L'*hôtel du Dôme* nous offre de belles chambres au rez-de-chaussée sur la place.

Dimanche, 28 septembre. — Notre première sortie fut pour la cathédrale, où nous entendons la messe, malheureusement, pas au son des orgues, qui nous auraient certainement fait rêver de concerts d'anges.

Une foule pieuse et recueillie se presse dans les bancs ; on est impressionné par la beauté du vaisseau intérieur ; des colonnes, minces comme des fuseaux, montent jusqu'aux voûtes, où le chapiteau s'épanouit en fleurs. Tout le reste est une splendide verrière dont les lancettes sont teintes, sur toutes leurs faces, d'un riche coloris d'azur, de pourpre et d'or. L'artiste qui a construit cette magique muraille s'est souvenu de la parole du Psalmiste : « Mon Dieu ! vous êtes vêtu de lumière, » et il lui a fait une demeure éclatante.

Je ne sais quelle basilique pourrait disputer la palme à Cologne pour la beauté du vaisseau intérieur et surtout du chœur.

Amiens lui ressemble certainement mais, l'intérieur est ici plus svelte et plus dégagé ; tout est neuf, rien ne vient encore masquer e coup d'œil ; les orgues à Amiens prennent déjà deux piliers sur la longueur ; ici, elles sont si bien dissimulées qu'elles ne gênent pas ; le transept, lui aussi, est fort grandiose.

Dirai-je de Cologne que c'est une belle ville? Non ; elle a du moyen âge tous les inconvénients, sans en avoir la pittoresque beauté ; elle est boueuse, inégale, obscure, mal tracée, mal pavée. Celui qui se contente d'en raser la rive, emporte une idée avantageuse, qui s'évanouit un peu quand on pénètre à l'intérieur.

Mais elle a sa cathédrale, joyau sans prix, immortelle relique de l'art; elle possède outre cela beaucoup de belles églises : la vieille église romane de Saint-Martin où pénètre une lumière poétique et moins mystérieuse que celle de l'ogive, mais très grave, très favorable au recueillement. Il faut y entrer un jour de marché, à l'heure où les paysannes des environs quittent leurs fruits et leurs légumes pour entendre une messe; dans leur détachement des affaires d'ici-bas, ces figures, rudes et régulièrement anguleuses, avec un regard sérieux et fixe, un air solennel, raide, un peu gauche, répandu sur toute la personne, semblent dérobées à quelque vieille boiserie ou à quelque gravure allemande, à quelque vieux tableau de Martin Schœn.

J'ai eu, il y a quelques années, une cuisinière originaire de Kœln, elle assistait gravement aux vêpres chaque dimanche, il me semble la retrouver dans le portrait tracé plus haut.

Derrière le musée, nous pénétrons dans l'église des Minorites, édifice de style ogival aux belles proportions; elle a été commencée en 1220 et achevée en 1260; sa longueur est de 58 mètres 37 centimètres, sa hauteur de 20 mètres 40 centimètres. C'estaussi à la munificence de M. Richartz qu'en est due la restauration faite de nos jours. Les plus belles parties sont le portail avec sa grande fenêtre et la tourelle réédifiée au siècle dernier, sur le modèle de l'ancienne.

Depuis le début de notre voyage, c'est la première ville que nous constatons renfermer autant d'églises, mais la cathédrale est à elle seule déjà si belle, que nous y revenons toujours et y trouvons toujours quelque chose à voir et à admirer.

Les nefs latérales renferment une abondante collection de tombeaux d'archevêques. Comme ceux de Mayence, ils ont le tort d'avoir des épitaphes beaucoup trop fastueuses. « Amas d'épithètes, mauvaises louanges, » disait LaBruyère.

La plus riche pièce du trésor est la châsse des mages; un monument fort disgracieux la renferme ; il est hérissé de barreaux, de grilles, de verrous et de serrures, ni plus ni moins qu'un coffre-fort. C'en est un en effet, et qui plus d'une fois fut pillé; il renferme pour huit à neuf millions d'or et de pierreries : trois lampes de cuivre toujours allumées brûlent en l'honneur des trois rois dont elles portent les noms

Gaspar, Melchior, Balthasar.

Les mêmes noms écrits en rubis, étincellent sur le reliquaire; la description, au point de vue de l'art, ne remplit pas moins d'un volume; le détail en est bientôt fastidieux, mais le coup d'œil d'ensemble est éblouissant. On imagine difficilement pareille magnificence.

Chaque archevêque régnant a son caveau tout prêt à le recevoir. Un usage bizarre veut que chaque année de son pontificat soit marquée au moyen d'une baguette de bois blanc pendue à une tige de fer; le nombre des baguettes figure celui des années.

Le pont fixe du Rhin, à l'est de la cathédrale, a été achevé en 1859; il est en fer, à treillis, et se compose en réalité de deux ponts accolés l'un à l'autre, reposant sur trois piles communes. Sa longueur entre les deux rives est de 412 mètres, sa largeur totale de dix-neuf mètres, sa hauteur de seize mètres au-dessus de l'étiage, soixante mètres au-dessus du niveau moyen du fleuve. Le théâtre donnait comme actualité, *Fra Diavolo*, nous sommes allés l'entendre en grande partie pour voir si cette pièce si plaisante d'un auteur français, parviendrait à faire rire les Allemands ; nous avons constaté qu'ils se sont beaucoup amusés de la façon calme qui leur est ordinaire, principalement aux aventures de l'Anglais et de sa femme, jusque-là, ils n'avaient pas ri le moins du monde.

Lundi, 29 septembre. — Notre temps s'écoule d'autant plus rapidement que nous sommes à la fin du voyage, nous voulons tout voir, et nous n'avons plus que peu de temps.

Quelques heures à DUSSELDORF suffisent pour connaître cette ville ; son musée d'art inimitable est ce qu'elle renferme de plus curieux; les tableaux modernes, en grande quantité, y sont renouvelés chaque semaine; c'est la ville des artistes par excellence.

On a à la gare, pour parler de choses plus prosaïques, un joli restaurant avec un prix de table d'hôte et la jouissance de petites tables particulières; de jolies nappes damassées rouge donnent une teinte gaie à la salle; seulement, quoique ce soit la ville par excellence des sciences en Allemagne, il est à noter, comme renseignement, de s'adresser en allemand au garçon pour redemander du pain; s'étant obstiné à le demander en français, M. M... a dû s'en passer.

AACHEN (AIX-LA-CHAPELLE). *Mardi,* 30 septembre — De Cologne à Aix-la-Chapelle, il y a fort peu de distance; cette ville a bien encore la physionomie d'une ville étrangère, ses rues sont grandes, tirées au cordeau, avec des trottoirs déserts et une chaussée herbue; des hôtels modernes, de beaux magasins.

Un petit établissement où viennent, deux fois le jour les languissantes victimes de rhumatisme; une piscine d'eau thermale dégageant avec ses vapeurs la fétide odeur des œufs pourris; je ne sais quoi dans l'air qui fiat qu'on bâille et qu'on se sent dormir : voilà sans y rien ajouter, l'image de l'impériale cité d'Aix.

On est surpris que Charlemagne y ait fait son séjour de prédilection, quand les rives du Rhin offraient de si belles résidences; une légende du moyen âge que je n'entreprends pas de narrer, raconte en terminant que l'anneau magique qui avait le talent d'attirer, fut jeté dans le marais d'Aix-la-Chapelle et voilà comment, ce lieu inspira tant d'amour à Charlemagne. Il revêtit la ville d'un titre officiel, y bâtit une basilique, un palais, et l'on voit encore une porte qu'il fit construire, La cathédrale est en forme de dôme du style byzantin, elle se compose de deux parties tout à fait différentes; la plus ancienne est la partie octogone à coupole, de quinze mètres de diamètre qui est entourée d'une galerie à seize pans et qui a trente-deux mètres de hauteur; c'est une fidèle imitation de Saint-Vital de Ravenne, construite en partie par des ouvriers italiens, et un des monuments les plus remarquables par ses colonnes de porphyre, faites par des ouvriers italiens.

Le chœur se distingue par des proportions excessivement élancées et légères; des vitraux aux couleurs magnifiques ornent les fenêtres, qui ont près de 27 mètres de hauteur et cinq de largeur; les sujets en sont tirés de la vie de la Sainte Vierge (l'assomption et le couronnement d'après Cornélius).

Les piliers, entre les fenêtres, sont décorés de quatorze statues polychromes. La chaire a des panneaux en bois qui cachent des pierreries que le suisse fait voir, mais, comme on disait la messe lorsque je suis descendue de la tribune où j'étais allée voir le sarcophage et le trône de Charlemagne qui y sont déposés, on ne nous les a pas ouverts.

Le sarcophage provient, dit-on, du tombeau d'Auguste; il est en marbre d'une éblouissante blancheur (sa toilette doit être faite souvent), sur sa face est sculpté l'enlèvement de Proserpine, qu'on est fort étonné de trouver là; la sculpture est faite avec grâce. Les restes de Charlemagne y furent recueillis, quand Frédéric Barberousse eut, pour la seconde fois, violé son tombeau.

Le trône est une chaise de marbre poli, sans ornements; telle était, j'imagine, la forme de ces chaises curales sur lesquelles les Gaulois, nos pères, égorgèrent les vieux Romains ; les lames d'or qui l'enrichissaient, ont été remplacées par des lames de fer : il est tourné en face du chœur, c'est là que l'empereur, à peine sacré, venait s'asseoir, la couronne sur la tête et le globe à la main.

Parmi les statues des piliers entre les fenêtres les plus remarquées sont :

Charlemagne, la Vierge et les apôtres; elles sont toutes belles et datent de 1430.

La basilique d'Aix renferme comme Cologne un riche trésor : je retrouve pour le visiter, mes amis restés auprès du maître autel, pieusement agenouillés pendant qu'on y disait la messe; ce sont, du reste, des voyageurs émérites, pour lesquels Aix et sa chapelle ne sont pas du nouveau; mais ils trouvent que c'est à voir et s'y sont arrêtés pour moi, on ne peut être plus aimable. La messe est terminée, le bedeau, portant un trousseau de clefs, nous guide vers une sacristie où se trouvent renfermées, sous de triples serrures, les grandes et les petites reliques.

Les grandes ne sont exposées que tous les sept ans, et nulle exception n'est faite dans l'intervalle si ce n'est en faveur des têtes couronnées; on voit alors la robe de la sainte Vierge, celle de l'enfant Jésus, le linge avec lequel Notre-Seigneur a été enseveli, etc...

Les petites reliques sont montrées tous les jours; elles sont enfermées dans une énorme châsse du XIIe siècle qui prend, circulairement, le tour de la pièce : c'est une merveille d'orfèvrerie, présent de l'empereur Barberousse. Les battants présentent sur leur panneau intérieur, des peintures d'une exquise délicatesse, qu'on peut, malgré toute absence de signature, attribuer à Albert Durer. Chaque relique est enfermée dans un reliquaire d'une richesse et d'un travail inouïs, l'or est ici ce qu'il y a de moins précieux, et c'est le cas de dire que le travail surpasse la matière. Les topazes, les rubis, les améthystes, les émeraudes, le cristal abondent, quelques souvenirs de Charlemagne ont été mis à part : c'est son bras, son crâne énorme, enfermés séparément. Un fac-similé de sa couronne, qui coiffe jusqu'aux épaules les hommes d'à présent; son buste, deux fois grandeur humaine de maintenant.

L'extérieur du dôme est dans un état assez misérable.

Les habitants comptent encore un monument intéressant par son architecture. L'hôtel de ville célèbre par deux grands congrès qui s'y sont réunis : il est gothique d'aspect, et à l'intérieur est une salle des empereurs comme à Francfort.

Ayant encore quelques instants à nous, après avoir dîné à la carte au restaurant de la gare, nous avons, munis de forces nouvelles, gravi la promenade qui mène à Borcette, célèbre par les séjours que Charlemagne aimait à y faire. En somme, cette ville est pleine de souvenirs du grand empereur : sept villes se disputent son berceau, aucune ne peut lui disputer sa tombe.

Mercredi, 1er octobre. — Nous faisons nos adieux définitifs à la belle cathédrale sous les tours de laquelle nous nous sommes trouvés abrités pendant quatre nuits et nous gagnons Spa vers cinq heures du soir.

En trois pas, nous avons parcouru la ville, au quatrième nous étions dehors : suivant toujours la magnifique promenade des sept heures, lorsque le soir nous invite à rentrer. Tout un courrier nous attend à l'hôtel Royal, il y a des lettres de tout le monde et pour tout le monde. Nous y répondons par l'emplette de nombreux bibelots dans les magasins bondés d'objets en bois peint qui sont la spécialité du pays, depuis la bonbonnière la plus mignonne jusqu'aux boîtes les plus grandes, depuis les brosses lilliputiennes, les miroirs les plus mignons jusqu'aux objets dignes de géants d'un autre siècle.

Jeudi, 2 octobre. — Le temps passe avec une rapidité incroyable, nous voici déjà à la veille de terminer ce beau voyage, nous voulons encore une fois nous enivrer de grand air, et pour cela nous partons aussitôt le premier déjeuner voir la belle campagne des environs, visiter l'une après l'autre les sept sources gazeuses, si excellentes et si dignes de leur grand renom. Nous gagnons ainsi à travers les sapins, les fougères et les bruyères, par des promenades toutes plus jolies les unes que les autres depuis la source du Pouhon, située tout près de notre hôtel jusqu'à celles de la Géronstère, de la Sauvenière, etc. Prenant la promenade dite d'Orléans à l'occasion d'un monument élevé là par les princes en souvenir de ce que cette source avait rendu la santé à leur mère, nous revenons vers midi par la promenade Meyerbeer au bruit du murmure d'une jolie source accidentée.

La vie à notre hôtel est excellente et pas chère; après un bon déjeuner qui nous donne de nouvelles forces, nous repartons en montagne dans une autre direction, celle dite de

Lubin et de sa fiancée ; nous y trouvons un petit temple d'où on domine à la ronde ; après avoir là-haut tout exploré, favorisés que nous étions par un temps splendide, nous redescendîmes au parc ; là, un concert nous était ménagé dans la galerie du casino, où sont assises quelques personnes. Après nous y être agréablement reposés, nouvelle ascension à un petit temple où une gracieuse apparition d'enfant grimpe sur nos genoux et vient nous embrasser : nous y planons sur la ligne de chemin de fer et voyons partir un train à deux panaches de fumée, une locomotive en tête et une à la queue l'entraînement à grande vitesse.

Le soir, sur un linge de table d'une blancheur exquise, répandant une délicate odeur d'iris, est placé un joli couvert ; porcelaine et argenterie reluisent d'une éclatante propreté, le potage est aux pâtes d'Italie, puis suit le menu : Sole flamande, pommes natures, filet de bœuf dans son jus, haricots verts, grives, poulet rôti, compote de pommes, pudding au riz, fruits. Le tout excellent et pour trois francs. Ces détails et l'importance que je parais y attacher feront sourire, mais Victor Hugo se fait-il faute de descendre à la cuisine et de nous conter le fort et le faible des auberges rhénanes ? La table est souvent mise dans ses récits et sa verve ne souffre pas de la satisfaction de son estomac.

Vendredi, 3 octobre. — Les ailes du temps nous forcent à quitter ce séjour enchanteur, véritable pays de cocagne.

Liège situé encore dans un pays très pittoresque entrecoupé de collines boisées, arrosé par la Meuse et l'Ourthe.

Ses églises sont belles, une ville toute neuve, traversée par des tramways, s'est formée depuis quelques années; la place du Palais-de-Justice s'est dégagée pour faire place au monument dont on admire beaucoup la colonnade intérieure. La statue équestre de Charlemagne se trouve sur une ancienne île qui est maintenant convertie en jolis jardins, entourés de belles constructions; des grès rouges fort bien taillés ornent leurs façades, les boulevards sur lesquels s'étalent les forains, à cette époque de l'année, aboutissent à la jolie place du Théâtre, l'église Saint-Martin perchée tout en haut sur une colline semble regarder ce qui se passe par-dessus les toits et les cheminées.

Les arbres fruitiers, comme à Verdun et à Metz, abondent dans ces régions; c'est au printemps en l'année 1871 que j'en ai fait la remarque, lors des excursions que je fis alors à Liège, à Namur et par toute la Belgique; les cerisiers et les pruniers en fleurs sont d'un bel effet dans toute cette vallée de la Meuse, par les vergers et les jardins.

L'heure du départ pour Bruxelles est arrivée, comme nous voudrions retenir le temps qui s'écoule, mais il faut gagner la gare rapidement.

Je n'entreprendrai pas de décrire Bruxelles, cette charmante petite capitale; quel est le lecteur assez peu curieux pour ne pas l'avoir visitée? Depuis quelques années il s'est formé un nouveau boulevard qui a presque l'animation de ceux de Paris; nouveau palais de justice qui est une immense Babylone, n'offre rien de remarquable.

J'engage ceux qui me liront à ne voyager que comme moi avec d'agréables compagnons de route, à revenir par la Belgique en la visitant complètement s'ils ne la connaissent pas encore, les parcours par le chemin de fer y coûtent très bon marché. On peut, en Allemagne, prendre quelquefois les troisièmes; comme il y a quatre classes de voyageurs, elles sont encore bien composées, et on a parfois à y faire des études de mœurs assez curieuses.

Nous étions au nombre de trois, ce qui me paraît fort bien comme association de voyageurs ; nous eussions été quatre, c'eût encore été bien, car le cavalier complaisant qui avait l'ennui continuel de débattre la note avec l'hôtelier, de prendre les billets de chemin de fer, de s'occuper du bagage, de régler les voitures et omnibus, en un mot de tenir les cordons de la bourse, l'a fait avec un empressement qui ne s'est pas démenti ; mais au fond du cœur, peut-être aurait-il bien souhaité être un peu aidé, de temps en temps.

Voyagez, croyez-moi, laissant de côté tous soucis ; je vous adresse en terminant, le souhait que me faisait journellement mon grand-père :

Que Dieu vous ait en sa sainte et digne garde.

FIN

Paris. — Imp. Téqui, 92 rue de Vaugirard.

EXTRAIT DU CATALOGUE

Le Crime de Kéralain, par Mme la comtesse de BEAUREPAIRE de LOUVAGNY, 1 beau vol. in-12, de 350 pages. Prix : 2 fr.

Sous la forme, légère en apparence, de roman, le *Crime de Kéralain* est une œuvre d'une portée morale : l'amour du devoir y est glorifié sous une de ses formes les plus touchantes, celle de l'amour filial ; la grandeur d'une âme élevée par la foi au-dessus des plus dures épreuves, s'y montre, y brille d'un bout à l'autre. Aussi cet ouvrage doit-il être recommandé d'abord aux personnes qui s'occupent de patronages, de bibliothèques populaires : il y sera parfaitement à sa place.

(*Semaine religieuse de Montpellier.*)

L'Elu du peuple. — Mœurs d'à présent, par Joseph MAURAIN. Avant-propos d'Edouard Drumont. 1 vol. in-12. Prix : 2 fr.

Livre bien écrit, d'un excellent esprit et très religieux. Un jeune homme des plus intelligents se jette dans les idées nouvelles et se dévoue *aux nouvelles couches*. Il a une excellente femme qu'il refuse d'écouter et devient puissamment riche. Il arrive bientôt à la députation, et son influence à la Chambre grandit de jour en jour. Il devient père d'une fille qu'il élève dans ses principes et qui attend avec impatience sa majorité pour se marier malgré lui avec un architecte sans fortune, et qui refuse de faire consacrer son alliance par la religion. Il a également une nièce orpheline qu'il aime beaucoup, mais qu'il chasse de la maison, en apprenant qu'elle désire se faire sœur de Saint-Vincent de Paul. Irrité de se voir seul, il abandonne sa femme pour vivre avec une actrice juive, qui le laisse brusquement pour suivre un banquier juif comme elle. Son gendre, au même moment, se livre à des spéculations peu honnêtes et se fait mettre en prison. Par bonheur pour lui, il rencontre un excellent aumônier qui le convertit, et dès qu'il devient libre, il s'occupe, avec sa cousine la religieuse, de ramener sa femme au bien et réussit à lui persuader de suivre les exemples de sa mère et de faire bénir son mariage. Le père, à ce moment, meurt à la suite d'un duel, bourrelé de remords et regrettant d'avoir si mal employé une vie qui aurait pu être si belle.

Ce livre est capable de faire beaucoup de bien, mais doit être lu avec une certaine réserve à cause de quelques détails.

SIGNERIN, *Chanoine honoraire.*

Esquisses de voyages, par la marquise de LAUBESPIN. 1 vol. in-12, couverture papier parchemin. Prix : 3 fr.

L'auteur des *Esquisses* nous donne des notes prises à la hâte entre une course et une halte; mais quelle exactitude et quel coloris dans ces divers tableaux en miniature. On n'est pas fâché de voyager rapidement et de suivre l'écrivain en Egypte, en Turquie, en Palestine, en Grèce, en Hollande. C'est beaucoup de pays, mais le voyage est agréable, et par conséquent ne fatigue pas. On s'assied sur la rive du Nil, ombragée « de petits bois de mimosas aux fleurs odorantes ». A Jérusalem, on prie et on pleure en suivant la *Voie douloureuse.* Heureux les auteurs et les lecteurs qui savent encore prier et pleurer sous l'impression de tels souvenirs! A Rome, ces souvenirs reprennent leur doux empire, quand on assiste aux touchantes et solennelles cérémonies de la semaine sainte. On revient enfin par la Hollande, qui a ses beautés, mais où « une fois la curiosité satisfaite, on reste dans des regrets et sans désirs, et d'où l'on n'emporte aucune pensée de retour ». Mme la marquise de Laubespin écrit aux dernières pages de son livre : « Encore un voyage, sera-ce le dernier? Pourquoi? J'aime les voyages. » Si elle aime à les faire, nous aimons à les lire, racontés par elle avec poésie, délicatesse et piété. *(Annales du Sacré-Cœur.)*

Aventures d'un coureur de bois. — Boumaza, par H.-B. de LAVAL. 1 vol. in-12 illustré. Prix *franco :* 3 fr.

Beaucoup ont connu le héros de ce livre, et encore aujourd'hui, dans l'armée de la cavalerie, nombre d'officiers supérieurs vous diraient, en remontant vers leurs brillantes années de début militaire, que sous ce nom d'emprunt africain se cache une des personnalités les plus énergiques, sympathiques et charmantes qu'il leur ait été donné de connaître.

Le livre est le récit de sa vie, vie mouvementée s'il en fût ; une vie vécue en France, en Cochinchine, au Cambodge et au Japon ; une vie de soldat, de colon, de coureur de bois, de général exotique, toute faite de grandes espérances et de terribles déceptions, d'efforts, de luttes et de périls de toutes sortes, une vie si saisissante par elle-même qu'elle empoigne le lecteur, l'attache aux pas de celui qui le lit, et le force à le suivre partout où il veut le conduire.

Avec lui, on quitte le doux pays de France, on prend pied à Saïgon, alors ville naissante ; on y joue aussitôt et vigoureusement des coudes au milieu d'un fouillis de natures diverses accourues de tous les points du monde pour y faire fortune, on y fait une belle trouée, et, les poches pleines de piastres, on s'en va loin, bien loin, planter sa tente en pleine forêt, on y vit seul d'Européen, entouré d'ennemis divers, on vogue en pirogue sur les arroyos, on se promène à dos d'éléphant dans les rizières, on dort dans un hamac accroché aux branches d'un arbre séculaire en compagnie des singes, on s'aventure dans les lieux inexplorés, l'œil au guet, le nez au vent, le revolver à la ceinture, le canon de la carabine en arrêt, le doigt sur la détente, côte à côte parfois avec le tigre sournois qui n'attend qu'un moment d'inattention pour fondre sur la proie convoitée.

Enfin à sa suite, on reprendra la route de France et on ne le quittera, tant il est attachant, que lorsque la mort qui l'a épargné, au sein de tant de dangers, viendra le saisir au milieu des siens, et alors la larme à l'œil peut-être, mais sûrement le cœur serré par une poignante émotion, on dira, car il vous aura acquis et fait sien : Pauvre et cher Boumaza !

Miss Louisa, par F. Jérusalémy. 1 vol. in-12. Prix *franco* : 2 fr. 50.

M. Jérusalémy nous montre dans l'héroïne de son récit, une nature faite à l'image de Dieu dont la perversité et l'ingratitude des hommes sont impuissantes à altérer la bonté, une âme cuirassée de foi et d'espérance contre laquelle viennent s'émousser les coups redoublés d'une cruelle adversité. Ferrey.

Par Monts et par Vaux, par le R. P. Vaudon. 1 vol. in-12, couverture parchemin. Prix : 3 fr.

Le R. P. Jean Vaudon vient de faire paraître un nouvel ouvrage intitulé : *Par Monts et par Vaux*. C'est le récit d'un voyage fait, avec un jeune et joyeux compagnon, aux tristes pays d'Alsace-Lorraine et dans quelques provinces d'Allemagne. Metz, Borny, Gravelotte, Bétange les voient passer tour à tour, et l'on devine quels émouvants souvenirs les voyageurs rencontrent à chaque pas. Partout des tombes, partout les traces de la guerre sanglante, partout des monuments de deuil, dont les pierres crient vengeance. Aussi cette première partie est-elle animée d'un grand souffle patriotique. Le regret et l'espérance s'y unissent, et leur mélange donne au fond et à la forme, je ne sais quelle mélancolie pénétrante, dont le charme vous enveloppe et vous fortifie à la fois.

Suivant les bords de la Moselle, nos touristes vont ensuite visiter Trèves, l'antique cité; de là, ils traversent le Luxembourg, et s'enfoncent dans l'Eifel, ce pays aride et pittoresque, aujourd'hui encore inexploré. Ici, les détails curieux et piquants surabondent : descriptions, études de mœurs, surprises à telles enseignes, qu'on est entraîné malgré soi, et qu'on regrette d'arriver si tôt à la fin de ce beau et bon volume.

Heure maudite, par Mme la comtesse de Beaurepaire de Louvagny. 1 vol. in-12. Prix : 2 fr.

Heure maudite est un excellent roman, où l'on voit ce que l'absence du sentiment chrétien et la pratique religieuse peut coûter de tristesse à un foyer d'ailleurs honnête et heureux au début. C'est une lecture qui fera du bien, et l'on ne peut guère faire de meilleur éloge d'un ouvrage que d'en tirer cette constatation... Il est inutile d'ajouter par conséquent que *Heure maudite* peut être mis entre toutes les mains.

(*Messager de St Joseph.*)

Louis XI à Péronne, de Walter Scott, édition revue à l'usage des bibliothèques paroissiales, par **A. J. Jumin**. 1 vol. in-12. Prix : 2 fr.

Le héros de ce livre se trouve avec ses deux protégées à la maison de campagne de l'évêque de Liège, leur parent. Le Sanglier des Ardennes, Guillaume de la Marck, s'empare de ladite maison, un véritable château-fort, et, au milieu d'une orgie, fait massacrer l'infortuné prélat. Quentin et ses protégées courent les plus grands dangers, il parvient à se sauver avec elles; elles sont bientôt séparées l'une de l'autre. La plus jeune, Isabelle, arrive avec son libérateur sous les murs de Péronne. Louis XI est en guerre avec son beau-cousin Charles le Téméraire. Il ne craint pas d'entrer dans la ville. Reçu avec les plus grands honneurs, il est en réalité captif de son vassal. L'astucieux duc de Bourgogne délibère sur le sort du roi. Enfin la paix est signée. Quentin qui s'est signalé par des actes de bravoure mérite la main d'Isabelle de Croye. Commencé par une aventure de jeune homme, continué par une série de drames, le roman finit par une charmante idylle qui repose agréablement le lecteur.

Jérôme-le-Trompette, par le lieutenant-colonel de Beaurepaire, in-12. Prix : 3 fr.

Un faible escadron de cavalerie occupe le village de Callados en Catalogne. Attaqués à l'improviste par des bandes nombreuses de paysans, les Français se retranchent dans la grande auberge. Ils vont y être brûlés vifs; ou bien, s'ils tentent une sortie, ils seront tous fusillés à bout portant. Il n'y a pourtant de chance que dans une sortie. Ce qui reste de l'escadron est sur le point d'être anéanti, quand un fort détachement de cavaliers et de fantassins accourt les sauver. C'est un drame palpitant et entraînant. Quiconque a ouvert le livre ne le quittera plus qu'il ne l'ait lu jusqu'au bout.

Une dizaine de traits, *Souvenir anecdotique de la guerre de Crimée*, complètent le volume. On y apprend à mieux connaître le soldat français, à l'aimer et à l'admirer.

L'impression que laisse l'ouvrage est saine et fortifiante; elle donne chaud au cœur. L'auteur nous promet une suite au récit de *Jérôme*; qu'il se hâte; il nous a mis en goût.

www.ingramcontent.com/pod-product-compliance
Ingram Content Group UK Ltd.
Pitfield, Milton Keynes, MK11 3LW, UK
UKHW012239240726
13966UKWH00003B/1158